JN232001

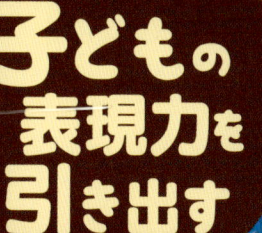

子どもの
表現力を
引き出す

ナツメ社
教育書ブックス

「想像画」指導のコツ

鈴木夏來 著

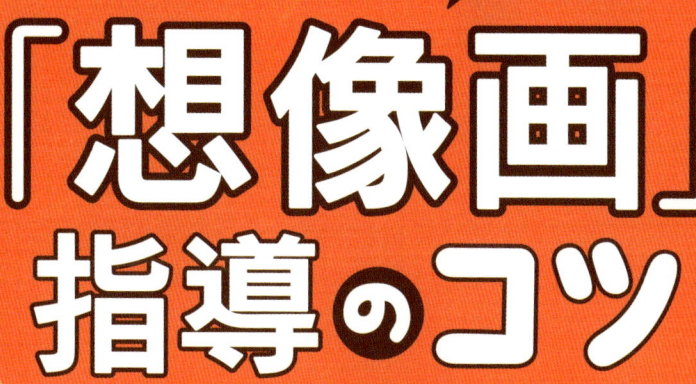

ナツメ社

はじめに

　本書は、創造性あふれる想像画の指導についてまとめたものです。

　筆者が学校現場で子どもたちに指導してきたことと、研修などで先生方にお伝えしてきたこと。これらを７つの基本アイデアという形で、ギュッとまとめてみました。これらのアイデアを参考にしていただければ、誰でも創造的な想像画をかかせることができるでしょう。先生自身が「絵をかくのは苦手」「図工はあまり得意ではない」という場合もまったく心配ありません。

　先生方の声の一部を紹介しましょう。

「自分は絵をかくのが苦手だけど、やってみたらおもしろかった」
「想像画の指導はできないと思っていたけど、そうではないとわかった」
「想像し、創造することの難しさとおもしろさを実感した」
「《そうぞう》の楽しさを知った」
「想像画に限らず、いろいろな場面で使えると思う」
「すぐにでも、子どもたちとやってみたい」
「さっそく次の図工でやってみます！」
「子どもたちに会うのが楽しみです」
「出来上がった作品の鑑賞会が、めちゃくちゃ楽しかった」
「想像画は評価が難しいと思っていたけれど、指導したことを評価するということがわかった」
「声かけ方法の例がとても勉強になった。こう言えば、子どもがわかりやすいということがわかった」
「もっと早く知りたかった」

私は、絵の専門家ではありません。美大や教育学部の出身でもありません。したがって、私自身は、絵をかくのが得意というわけではありません。

　ただ、「どんな教科であれ、得意と教えることはまったくの別物。教えることは得意でありたい」と、いつも思っています。

　自分自身が、得意である必要はありません。得意でなくとも、教えることはできます。子どもたちを伸ばすことも可能なのです。

　図工だって、創造的な想像画だって、きっとそうです。

　本書が、そんなヒントになれば幸いです。

●本書の使い方

　本書は次のような構成になっています。

1章………「失敗した絵」をひっくり返すことで、想像画も指導ができそうだといういうイメージをもつ。

2章………7つの基本アイデアを知り、具体的な指導イメージをもつ。

3章以降…それでも困ったときにどうするか、その他のアイデア例を蓄えておく。

　1章は、「ああそうだそうだ」と笑い飛ばして読んでください。

　2章は、演習を実際にやってみるのがいちばんでしょう。

　3章以降は、どんな題材にするか、困ったときなどに参考になさってください。また、巻末には、演習用のワークシートがついています。

　2章の演習が面倒な方は、早速ワークシートをコピーして、一度やってみてください。

7つの基本アイデア

私たちが見て「いい絵だな」と思う想像画には、いくつかのポイントがあります。
どのポイントも、すぐに取り入れられるものばかり。
まずは、基本となる7つのアイデアを使った作品を紹介します。

基本アイデア①

「地味な色画用紙」

地味な色をそのまま生かしたり、派手な色を使って塗りつぶしたり。地味な色画用紙には、キレイな色のクレヨンがとても映える。

茶色、黒、
ねずみ色
などの
色画用紙。

もっとキレイな色を
使いたい！

子どもの
不満を
エネルギー
に変える。

基本アイデア②

「灰色のクレヨン」

灰色のクレヨンは消しゴムで消すことができるため、下がきに最適。子どもが間違いを怖がらなくなる。

| 消しゴムで消すことができる。 | 地味な色画用紙に映える。 | 間違いを恐れず、大胆な絵になる。 |

別の色で塗りつぶす
ことができる。

「トリミング」

あえて全体の一部分を切り取ることで、大きく見せる。一度はみ出させた部分を"戻す"のも楽しい。

思い切って、切ってみる。

残った部分が強調される。

はみ出して、戻ってくる。

全体をかくより、ダイナミックに！

基本アイデア④

「引き伸ばし」

小さいものや小さくかいた絵をぐーんと伸ばすと、それだけで個性になる。

トリミングした部分をクローズアップ。

2倍、3倍に引き伸ばす。

より大きく、
より大胆に
見える。

「回転」

用紙や対象物、地面などをいろいろな方向に回転。
安定が崩れ、動きや表情、物語が生まれる。

用紙、対象物、地面を回転!

不安定さが物語を生む。

動きや表情が
生まれる。

あえて左右
非対称にかく。

作品に動きが
加わる。

「動きのある
安定」が
生まれる。

基本アイデア ⑥

「アシンメトリー」

コウモリや木、タワーなど、左右対称にかきがちなものを「アシンメトリー」に。あえてバランスを崩すことで、表情や躍動感、"動きのある安定"を生み出す。

「ふちどり」

強調させたいものや部分を黒や白のクレヨンでふちどり。境目の色を強調させ、"自信"まで演出。

対象物が強調される。

黒や白のクレヨンで
ふちどり。

隣接する
色が映える。

目次

想像画とは？

想像画とは、どんな絵のことを指すのでしょうか？　想像画は自由な絵ですから、正解はありません。しかし、一般に「いい」と言われる想像画は存在します。この章では、いわゆる「失敗した」絵を見ながら、「いい絵」と言われる想像画について考えます。

想像画とは？

想像画は、創ることができる

想像画は意図して創ることができる

本書は、「上手い絵」をかくことを目的にはしていません。創造性あふれる想像画をかくことを目的とした本です。

しかし、中には「想像画は、意図して創ることができるものなのだろうか？」と思う人もいるかもしれません。

私自身、ずっと自問自答してきました。研究に研究を重ね、試行錯誤を繰り返して10年。ようやく心の底から納得できるようになりました。断言します。

想像画は、創ることができます。つまり、指導することも可能です。

子どもたちがかいた想像画。想像力を引き出す工夫をすれば、指導することができるようになる。

想像画はなぜ難しいのか

想像画が難しいのは、マニュアルがない想像の世界の絵であるという点に尽きるでしょう。

例えば、「顔」「野菜」「校舎」「ペット」など、決まったものをかかせるのであれば、指導は簡単です。なぜなら、「このようにかけばよい」という一定のマニュアルが存在するからです。「○○のかき方」と題した書籍は多数出ています。「用意する道具は、○○と××です」「最初に、□□をかきましょう。次に△△を。その次に……」など、手順が細かく、丁寧に書かれています。そっくりそのままマネをすれば、おそらく誰でも立派な絵を子どもたちにかかせることができるはずです。私もこうしたマニュアルを参考に、

たくさんの絵をかかせてきました。

ただし一方で、マニュアルどおりにかかせてできた絵に対して、批判があるのも事実です。

「確かに上手い。しかし、どれも似たような絵だ」

「子どもたちの自由や個性がない」

「子どもたちの想像力や創造性が感じられない」

などなど……。

そして、最後にこう続きます。

「創造性あふれる想像画は、かけないのですか？」

では、どうしたら満足のいく想像画をかかせることができるのでしょうか。

私も悩みながら、ハウツー本やマニュアルを探しました。ところが、想像画だけにマニュアルはありません。自分で方法を模索するしかありませんでした。試作に試作を重ね、失敗を繰り返してきました。

想像画にも「失敗」の絵がある

ここで、「失敗」と言いましたが、果たして想像画に失敗はあるのでしょうか。「想像の世界だから、どんな絵も成功」と言えるのではないでしょうか。しかしそれでも、「失敗」と呼ばれる絵はあるような気がします。

では、「何をもって私たちは、失敗と思うのだろう？」と、これも自問自答し続けました。

そしてついに、想像画の「失敗」について納得のいく答えが自分なりに見つかりました。また、想像画にも「いい絵」があることがわかってきました。

想像画における「いい絵」とは、ざっくり言うと、「失敗」の逆、つまり、「失敗の絵」をひっくり返した絵のことであ

る。私は、そう結論づけました。

つまり、「失敗」と反対の絵をかけば、いい想像画になるということに気づいたのです。

そして、「失敗の絵」のイメージが湧けば、子どもたちにもそのイメージを伝え、共有してもらうことができるようになります。

つまり、想像画の指導が可能になるということです。指導をすることで、子どもたちは想像画を自ら創るようになりました。想像以上の効果があったのです。

では、「失敗した想像画」とはどんなものでしょうか。具体的に紹介する前に考えてみましょう。

想像画の指導で「失敗した」と思うのはどんなとき？

みなさんが想像画の指導をしていて、あとになって「願う子どもの絵にならなかった……」と思ったり、心の中で「失敗した……」と感じたりするのはどんなときでしょうか。まずは思いつくだけ、ノートや欄外などに書いてみましょう。

第1章 想像画とは？

やってみよう！ ☑

課題 想像画の指導で、「失敗した」と思うのはどんなときですか。
具体的に書いてみましょう。

例えば、次のような例を思いつくのではないでしょうか。

「失敗した」と思う想像画の例

- 下品な絵になった。 ● 残酷な絵や、苦しそうな絵になった。
- 人権的な配慮のない絵になった。 ● 自由帳にかくような、小さい絵になった。
- 隣の友達の絵を「完全コピー」してしまった。
- 教師が参考用に示した絵を、そっくりそのままマネしてしまった。
- 既存のキャラクターに酷似していた。
- 「かけない」「難しい」「ムリ」などと言って、一切かかなかった。
- 手がほとんど動かず、数㎝かいただけで終わってしまった。
- あっという間にかき終えてしまった。 ● 「面倒だから」と白い箇所を塗らなかった。
- 教師に言われたとおりにかき、いやいや表現したような絵になった。
- 緊張したような絵になった。 ● 動きや変化、表情に乏しい絵になった。

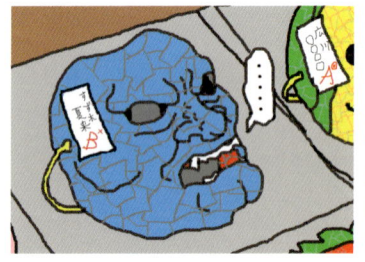

筆者が小4のときの苦い思い出。図工で、和紙を貼り重ねて「張り子のお面」を作った。作ったのは、キン肉マンに登場する超人、アシュラマンをイメージした「阿修羅面の怒り」。憤怒の顔を立体的に表現した自信作だ。しかし、評価はなんと、Bバツ。5段階の2くらい？　周囲はAばかりで、「自信あったのに、なんでBバツ？」と腑に落ちなかった思い出がある。野菜や果物といったかわいいお面に囲まれた《怒り》の面は、その答えを見いだせずにいた。造形活動に夢中になり過ぎた私は、先生のご指導を聞かず、テーマから外れたものを作っていたのかもしれない。

「想像画」指導の難しさは「作文」指導と似ている

　想像画の指導は作文の指導と似ています。作文を指導するシーンを思い浮かべてみてください。
「想像したことを原稿用紙に書きます」
「自分が思ったことを書きましょう」
「好きなように書くのですよ」
　このように指導したことがあるかもしれません。確かに、書くことが好きな子や得意な子は喜んで書くでしょう。

　しかし、多くの子にとっては、難しいのではないでしょうか。
「さあ自由に。原稿用紙はいくらでもありますよ」などと言ったら、よほど指導の行き届いたクラスではない限り、大ブーイングが起きるのではないでしょうか。
「何を書けばいいか、わからない」
「書きたいことなんて、ない！」
「書くの、キライ!!」

第1章 想像画とは？

多くの子どもの手は止まり、1行書かせるので精いっぱい。あとでそのときの様子を先輩教師に相談してみると、どうでしょう。

「それはね、先生が指導をしていない。指導を丸投げしているんだよ。作文を書かせたいならば、例えば……」

こんなアドバイスをもらったこともあるのではないでしょうか。

自由に作文を書かせるのって、意外と難しい。丸投げしてはいけないんだ。指導の工夫・改善が必要なんだと私たちは気づくのです。

タイトルは自由。
想像したことを
自由にかきなさい！

じゃ～ん！

自由にかきなさいって
言われても……。

これは、想像画においても、同じことが言えます。

「想像したことを絵にかきます」
「自分が思ったことをかきなさい」
「好きなようにかきましょう」

このように指導したことは、私にもあります。絵をかくことが好きな子、得意な子は、何枚でも、何時間でも、喜んでかきます。しかし、そうではない多くの子にとっては、やはり難しいのです。

児童「そもそも、何をかけばいいの？」
教師「いや、だからね、好きなことをさ。想像してかけばいいんです」
児童「好きなことなんて、ない！」
教師「じゃあ、自由に想像したことをかいてみたら？」
児童「何も思いつかない」

教師「今、心の中で思うことを素直にかけばいいんじゃないかな？」
児童「かくの、キライ！」
児童「そういうの、困るんだよね～」
児童「かきたくないっていうのが、素直な気持ち。それでいい？」
教師「……」

こんな不毛なやりとりが続いてしまうかもしれません。

では、私たちは想像画について、どのように指導するべきでしょうか。

国語の作文と同様に丸投げするのではなく、しっかり指導する必要がありそうです。これまでの指導方法を工夫・改善していく必要もありそうです。

まずは、こうした指導の必要性に気づくことが大切です。

想像画とは？

「失敗した」と思う想像画①
下品な絵

下品な絵は原則NG

イメージ

頭の上にうんこ。いわゆる「まきぐそ」。においが漂っている。

やんちゃそうな顔。

おっぱい。

ちんこ。

おしっこ。

みなさんも、上のような絵を見たこと　があるのではないでしょうか。

やんちゃな男子は、「うんこ」や「ちんこ」のような下品な絵を好んでかく傾向があります。一方、女性教師や母親はそんな下品な絵を特に嫌います。

このような絵を見た教師は、次のように指導することが多いのではないでしょうか。

「……こういう絵は、ダメに決まっているでしょう？」

「え？　だって、好きな絵をかいていいって、先生言ったじゃん」

「オレはうんこが好きだからかいたのに。しかも自分で想像して、かいたよ。誰のマネもしてないし！」

「ダメです！　いいから、やり直しなさい!!」

「……（頑張ってかいたのに。おもしろくない。早く終わんないかな）」

下品な絵は、特に低学年から中学年の男子が喜んでかく傾向があります。

いったい何がそんなにおもしろいのかと大人は思ってしまいますが、とにかく一部の子どもは下品な絵を好みます。ある種の刺激があるのでしょうね。

誰かのマネではなく、自由に頭の中で「想像」し、自ら新しく創った絵であれば、それは確かに「想像画」のはずです。頭ごなしに否定するのは子どものやる気をそいでしまいます。

とはいえ、下品な絵を見て、嫌な気持ちになる人がいるのも事実です。どうしていけないのか理由を説明し、丁寧に指導していく必要があります。時には笑い飛ばしたり、受け流したり、おおらかに認めたりすることも大切です。

👩 まだ間に合う！ 事前の声かけ例

> 今日は、想像画をかきます。自由な絵ですが、「うんこ」とか「ちんこ」とか、いわゆる下ネタはかいてはいけませんよ。これからも、そうです。

> 完成した作品は、教室の壁や廊下に飾ります。人に見られて恥ずかしくなるような「うんこ」や「ちんこ」はかきませんよ。

「はっはっは。おもしろい絵だね。先生も子どもの頃、よくかいて、先生に怒られたよ。これからはね……」

「茶色のうんこは、ちょっとリアルだから、ピンクとか水色で塗り直そうか。そうしたら、アイスクリームみたいに見えるんじゃない？」

「ちんこ丸出しは恥ずかしいから、パンツやズボンをはかせようか。今だって、はいているでしょう？　絵でも一緒ですよ」

　不快に思う子どもが多いこと、給食時間などの食事中であれば、食欲をなくす子どももいることなどを説明し、今後、特別の事情がない限り、図工の時間に下品な絵はかかないことなどをやわらかく指導しましょう。

指導後のイメージ

服を着せて、頭にはアイスクリームを乗せた。

第1章　想像画とは？

「失敗した」と思う想像画②
残酷な絵

残酷な絵は人権的にも原則アウト

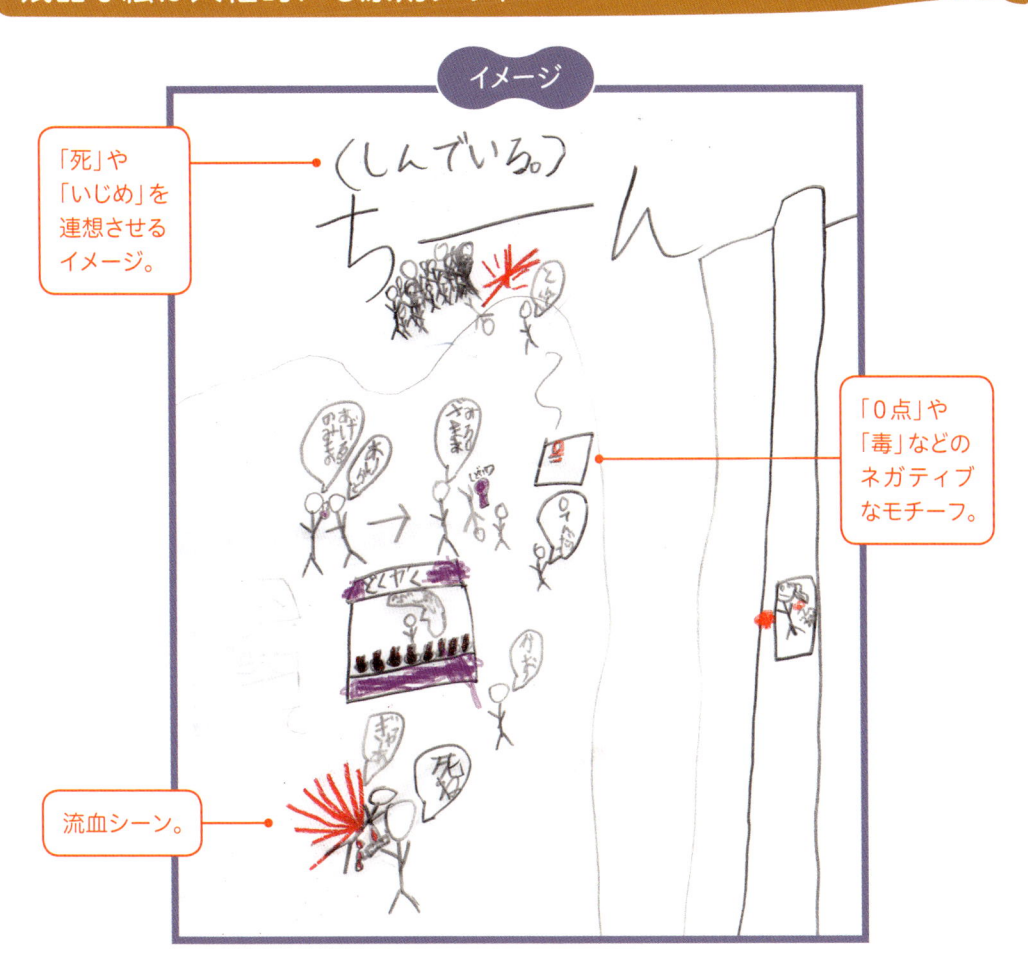

イメージ

「死」や「いじめ」を連想させるイメージ。

（しんでいる。）

「0点」や「毒」などのネガティブなモチーフ。

流血シーン。

「残酷な絵」も、「失敗した」と思う想像画の一例として挙げられるでしょう。

子どもは、「自由」や「好きなように」をはき違え、このような絵をかきます。

試しに、子どもたちの自由帳を観察してみましょう。主に低学年や中学年の男子に多いのですが、「下品な絵」とともに、「残酷な絵」を見ることがあるはずです。

教師が指導をしないと、自由帳にかくような無法地帯の絵を、図工の想像画においてもかくことがあるのです。

残酷な絵の特徴

◎**武器が出てくる**

　剣、包丁、ナイフ、ノコギリ、チェーンソー、斧、弓と矢、盾、爆弾、ダイナマイト、毒、
イバラのムチ、鎖鎌、ガラスの破片、トゲの鉄球　など

◎**戦争をモチーフにしている**

　ミサイル、ロケット、戦車、機関銃、鉄砲　など

◎**血がかかれている**

　流血、血しぶき、血だまり　など

◎**傷がかかれている**

　切り傷、刺し傷、打撲、ギプス　など

◎**罪や死を連想させる**

　死体、手錠、牢屋、鞭、棺桶、墓、ガイコツ、「死ね」といった言葉　など

　文字を追っただけでも、残虐極まりなく、思わず目をしかめたくなりますね。しかし、マンガやゲームでは、日常のようにこれらが登場します。

　主人公が仲間と一緒に戦い、強くなっていく「ロールプレイングゲーム（RPG）」。多くの武器を駆使します。また、主人公が歴史人物や架空の国の代表となって、敵国と戦っていく「シミュレーションゲーム」。古今東西の兵器が数多く登場します。さらに、子どもたちが大好きな歴史マンガ。これらにも、戦争と流血シーンはしばし出てくるはずです。

　ひょっとすると、残酷な絵は子どもたちの「日常」なのかもしれません。

　しかし、小学校における想像画では、これらは好ましくないものとされています（ただし、平和学習などで、戦争場面を想像し、かかせる場合はあります）。

まだ間に合う！ 事前の声かけ例

バトルシーンや戦争の番組などで、血が流れたり、人が死んだりする絵や写真を見たことがある人もいるでしょう。美術作品にも残酷な絵はあります。二度と戦争が起こらないように、平和を願って、そういう絵をかくんだね。ただ、武器とか血とかが出てくる残酷な絵は、やっぱり見て怖くなったり、気分が悪くなったりする人もいます。だから、今日はかくのはやめましょうね。

マンガやゲームで出てくる武器と、そのバトルシーンを自由帳にかくこともあるでしょう。でも今回は、みんなが笑顔になる絵をかいてもらいたいので、武器とか血の出る絵はやめましょうか。

〘 しまった！でも大丈夫！ 事後の指導例 〙

「ごめん、先生言い忘れちゃった。刃物とか血とかを見ると、本当に痛いような気持ちになったり、辛いことを思い出したりする人もいるよね。だから、傷などがあったら、クレヨンの絆創膏やテープで手当てをしようか。出血もしっかり止めようね」

指導後のイメージ

流血シーンは、絆創膏や十字型のテープで手当。ネガティブな表現は、ポジティブな表現に変えた。

「失敗した」と思う想像画③
キラキラした絵

キラキラ・ふわふわした絵はからかわれやすい

ステレオタイプの太陽。

キラキラ輝く大きな瞳。

綿菓子のような雲。

リボン。

イメージ

派手な
ドレス。

ステレオタイプの
チューリップ。

美形の犬（人面）。

虹。

ステレオタ
イプの小鳥。

こんな想像画もよく目にするのではないでしょうか。キラキラした絵です。こうした絵は、低学年の女子が多くかきます。キラキラ輝いている、ふわふわ飛んでいる、お花畑のよう……。こんなイメージでしょうか。

もちろん、子どもたちが自由に想像し、楽しくかいた絵です。ですから、それ自体を否定するものではありません。しかし、自分の絵を「下品」「汚い」「残酷」などと否定された男子はおもしろくないのか、反撃を開始します。

「うげ〜っ、お・ん・なの絵だ。キモッ」

「目がデカすぎでしょ？　あり得ないし」

「こんな犬、いるか、ふつう？　人面犬みてぇ」

「お前、こんなに足とか長いのかよ」

絵を否定された女子は泣き、からかったほうの男子は先生に叱られ……。教室は重苦しい雰囲気になってしまいます。

男子だけでなく、女子にも時には違う視点で想像画をかいてみようと提案してみましょう。

👤 まだ間に合う！ **事前の声かけ例**

> キラキラの目とか、きれいなドレスとか、甘いお菓子とか、かきたいよね。でも今日は、いつもと違うようにかいてみようか。

> いつもと違うかき方、みんなと違うかき方をすると、かわいい絵がさらにかわいくなるよ。絵をかくのがもっと楽しくなるんじゃないかな。

【 しまった！でも大丈夫！ **事後の指導例** 】

「この奥のほうに、シンデレラ城やお菓子のお家などをかいてみたらどうだろう？　夢の世界やあま〜い国など、お話がふくらむと思うよ」

「魔女やオオカミなど、あえて悪役を入れてみたら？　そのほうが物語のある絵としておもしろくなるし、男子も喜ぶんじゃない？　もうからかったりしなくなるよ」

指導後のイメージ

ピンク色のシンデレラのような城を加えて、物語のイメージをふくらませやすくした。

想像画とは？

「失敗した」と思う想像画④
小さな絵

「小さな絵」には管理職や先輩の指導が入りやすい

「好きなようにかきましょう」

「楽しいことをかきましょう」

　このように言って子どもたちに画用紙を渡し、あとは特別な指導をせず、子どもたちに好きなようにかかせるとどうなるでしょうか。

　こうした場合、イメージ①のような絵が数多く仕上がります。これは、主に低学年の女子でよく見られます。

　子どもたちは、自分が想像した楽しい世界を好きなようにかいています。かきたいと思う絵を自ら主体的にかいているのでしょう。クラスの友達と楽しく話しながら、あるいは絵の中に登場する動物たちと会話するかのように、対話的にかいています。

　素晴らしい姿勢だと思います。そこには悪意のかけらもありません。

　しかし「小さい絵」だな、と大人や教師は思ってしまうのも事実です。

　大きくかかせたい。しかし、それができない。

　これらを廊下に掲示したところ……。

「指導が入っていない絵だね」

イメージ①

「何も指導しないと、子どもって、小さくかいちゃうのよね」

「大きくかくように、教師がしっかり指導しないと」

　こんなふうに、先輩教師からチクリと言われたり、管理職から指導されたりした、そんな苦い経験をもつ先生は多いのではないでしょうか。

　いや、何も指導しなかったわけではない……。そう思うこともあるでしょう。

　確かに、「大きくかきなさい」と指導したはず。では、そもそもどうすれば、小さい絵にならずに済んだのでしょう。大きい絵とは、どんな絵なのでしょうか。大きくかかせるには、どんな指導、どんな声かけが必要なのでしょうか。

小さな絵のデメリット

　また、細かく小さい絵だと、彩色が困難・面倒になります。

　小さくかいてしまって、色塗りまでたどり着かない絵もあります。小さい絵は色塗りが極めて難しく、かつ面倒な作業となるからです。

　想像画だから、好きなようにかかせるのがいい。何をかくかはもちろん、道具も好きなように使わせたい。鉛筆、クーピー、クレヨン、絵の具……。好きな道

イメージ②

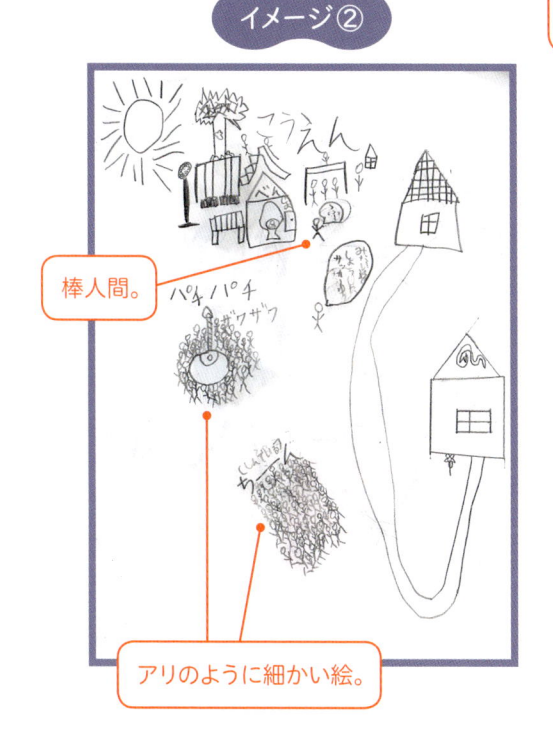

棒人間。

アリのように細かい絵。

イメージ③

うんこやおしっこ。

男性性器のキャラクター。

「死ね」などのネガティブな言葉。

うんこのキャラクター。

具で、好きなものを、好きなようにかかせるべきだ。

こうした考えから、指導を放棄してしまうと、どうなるでしょうか。

イメージ②、イメージ③のような絵は、男子によく見られます。残酷な絵、下品な絵と見ることもできます。多くは重複します。

イメージ②、イメージ③は、自由帳にかいたように、一つひとつが小さくて、細かい絵です。好きなようにかくということで、とりあえず鉛筆で自分の好きなことをかいてみたのでしょう。

しかし、クレヨンや絵の具で色を塗る段階になって、子どもはそれが難しいことに初めて気づきます。線が細かすぎて、太いクレヨンや筆では、はみ出さないように塗ることができないのです。おそら

く、線からクレヨンや絵の具がはみ出してしまうでしょう。

また、塗っても塗っても、なかなか終わりません。細かい絵の色塗りは根気のいる作業なのです。

イメージ②、イメージ③のような絵をかくような子どもは、そもそも細かい作業が苦手だったり、面倒だと感じたりすることがあります。

それでいて、心の中は非常に繊細です。はみ出してしまったり、うまく彩色できなかったりすると、「失敗した」「思うようにできなかった」と傷つき、そこから集中力が切れ、投げやりになることがあります。そして、イメージ④、イメージ⑤のようになってしまいます。

ぐちゃぐちゃと上から殴りかいたり、クレヨンを折ったり、絵の具パレットの

絵が細かすぎて、うまく塗ることができない。

うまく塗れずに、投げやりになってしまった。

色を全部混ぜ合わせたりといった行動に出ることもあるでしょう。いったんそうなってしまうと、収拾するのは容易なことではありません。「小さく細かい絵」が彩色時の「失敗」要因になり、収拾困難な事態につながるのであれば、小さく細かい絵をかかせないようにする、という指導もあってよいのでは？　私はそう考えるようになりました。

「自由な絵」＝「自由帳の絵」ではない

繰り返しになりますが、自由にかかせると、多くの場合、子どもは小さい絵をかきます。自由帳にかくような、細かい絵です。大きな画用紙を配っても、やはり小さくて細かい絵をかいてしまいます。「自由に」と「自由帳」は、音の響きが似ています。

「好きなように、自由にかきなさい」という教師の指示を、「好きなことを、自由帳のようにかきなさい」と解釈する子どもたち。「好きなように」とか「自由に」という言葉は、「自由帳」の絵を連想するトリガーなのかもしれません。

また、自由帳をかく際に使う子どもの道具は、筆箱の中の鉛筆や赤鉛筆、机の引き出しの中のクーピー（色鉛筆）などと相場が決まっています。自由帳は、授業の隙間時間や休み時間などに使用するものだからです。どれも、小さくかくのに長けています。道具箱からクレヨンを出して自由帳に絵をかいたり、棚の中の絵の具セットを取り出して自由帳に色を塗ったりするケースはあまりありません。

なお、「失敗した！」と思った場合は、2章で紹介する「トリミング」「引き伸ばし」の指導例を参考にしてください。

まだ間に合う！ 事前の声かけ例

自由な絵と自由帳の絵は、似ているけど違います。図工の時間は、いつも自由帳にかいているような絵とは違った絵をかきましょう。

今日は、鉛筆は使いません。鉛筆は細かくかけるけれど、絵が小さくなってしまうからです。いきなりクレヨンで下がきをしましょう。鉛筆でせっかく下がきをしても、先の太いクレヨンだと、上手に色塗りできないからです。

最後は、クレヨン（絵の具）で色塗りをします。細かいところは塗るのがとっても大変で、色塗りが超めんどうくさくなります。だから、そういうのはイヤだと思ったら、細かくかくのは今回はやめましょう。もちろん、細かい色塗りが大好きな人もいます。ですから、細かくかいてはダメ、というわけではありませんよ。

「失敗した」と思う想像画⑤ よくある絵

「よくある絵」は創造性に欠けると判断される

　次に取り上げるのは、「よくある絵」です。

　想像画は自由に想像した絵ですから、よくある絵かどうか、そんなことは本来関係がないはずです。しかし、「よくある絵」は「みんなが思いつきそうな絵」「ありがちな絵」「ステレオタイプの絵」「独創性、創造性のない絵」などと評価されることがあります。

　前のページで紹介した絵を「よくある絵」の視点で再考してみます。

　イメージ①のような、煙突のある三角屋根の家、顔のある赤い太陽、空を舞う小鳥と蝶、りんごの木などは、低学年児童に想像画をかかせれば、必ずと言っていいほど登場するのではないでしょうか。

　また、ウサギ、クマ、ゾウなどの二等身キャラクターが、同じサイズで並んでいませんか。これらの動物は人型なのに、そうではない動物もいます。立って歩く「犬」が、ペットの「犬」を散歩していることもあります。もちろん、想像画ですから、どんな絵をかこうが本人の自由のはずです。

イメージ①

空白が多く、バランスが悪い。

煙突から煙。

横1列に、たくさんの動物。

人型の動物とそうでない動物が混在。

想像画にもパターンがある

イメージ②も、「下品」で「小さい」絵であると同時に、「よくある絵」と言えます。例えば、「うんこ」はソフトクリームのような「まきぐそ」型であって、それ以外の形はあまり見ることがありません。また、「うんこ」に、人のように手足が生えることもあります。人型「うんこ」ですから、しゃべります。しゃべることを表すために、吹き出しが入ります。吹き出しの中の言葉は、下品な言葉、残酷な言葉と相場が決まっています。このように、低学年男子がしばしばかく絵にもパターンが見つかります。

また、イメージ③のような絵も「よくある絵」です。むし歯予防のポスターなどで、子どもがよくかく絵です。これも想像画のひとつと言えるかもしれません。歯をしっかり磨かなかったせいで、口の中には食べかすがたくさん残っています。その食べかすをえさに、悪魔のようなばい菌がスコップやツルハシなどで歯を削っている構図です。絵の中の人は痛くてたまりませんから、涙を流しています。「悪魔や虫歯菌をかいてはいけません」などの指導が入った場合は、まったく同じ構図で、よく磨かれた歯がかかれます。悪魔は姿を消し、キラキラと歯が光っている絵です。涙の代わりに、にっこりした目や歯ブラシなどがかかれます。

これらも、想像画のひとつです。子どもたちが考え抜き、想像し、一所懸命かいたのかもしれません。それでも「よくある絵」と見なされてしまいます。

こうした絵が見られた場合は、指導のアプローチを少し変えてみる必要があるかもしれません。

第1章　想像画とは？

イメージ②

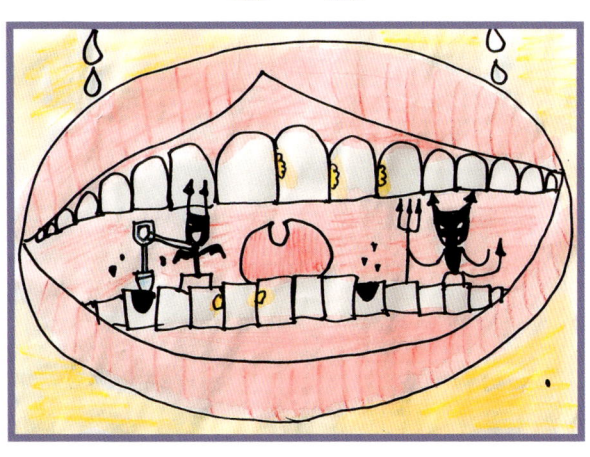

「失敗した」と思う想像画⑥ そっくりの絵

友達の絵や先生の見本そっくりにかいてしまう

次は、「そっくりそのままマネをしたような絵」です。

もちろん、自分がいいと思ったものをマネするのは悪いことではありません。むしろ、いいことでしょう。友達の作品であれ、マンガやゲームのキャラクターであれ、いいところがあると気づいたならば、それを参考にしたり、マネしてみたりすることはあってしかるべきです。

指導する私たち教師も「〇〇さんは、この部分を〜のようにかいたよ。素晴らしいね」などと子どもに紹介することがあります。クラスの誰かの作品を取り上げること自体、「みんなも〇〇さんのようにかいてみましょう」「いいなと、おもしろいなと思ったことは取り入れましょう」と言っているようなものです。

しかしこの意図は、あくまで〇〇さんの発想や着眼点、かき方や技法などを「参考にするといいよ」「ヒントにするといいよ」という意味であって、そっくりそのままマネをしてもよい、という意味ではありません。

そうした指導をしたあとに、誰かの作品とうりふたつのものができてしまった場合、教師は「しまった」と思うはずです。

また、教師がかいた見本と子どもの作品がそっくりであった場合も、同様に「しまった」と思うのではないでしょうか。

想像画の指導の際は、あえて子どもたちに参考作品を見せない、教師がかいた見本を見せないといった工夫が必要になります。これは、子どもの想像力や創造性を奪わないようにするための配慮です。

まだ間に合う！ 事前の声かけ例

今日は想像画をかくので、何も見ないでかきましょう。

先生の見本や、お友達の絵、図鑑などを参考にしてもいいけれど、そっくりそのまま、全部マネをするのはやめましょうね。

既存のキャラクターをかいてしまう

既存のキャラクターそっくりの絵をかくのも避けたいところです。

想像画ですから、既存のキャラクターを想像してかいた、ということもあり得るのでしょう。キャラクターの世界観の中に自分が入り、その世界をかく想像画というのも考えられます。しかし、キャラクターの著作権の問題もあります。創造性を養う、という目標にも沿いません。

まだ間に合う！ 事前の声かけ例

図工の勉強は、上手にかくってことも大事だけれど、それよりも新しいものを創るということが大事です。今までの世の中になかったもの、誰も想像しなかったもの、想像はしたけれども絵にはしなかったもの、そういうものを形にすることに大きな価値があります。だから、映画やテレビアニメ、マンガやゲームに登場する有名なキャラクターをマネしてかいても、新しく創ることにはなりません。今日の勉強の目標を達成したことにはならないのです。だから、この時間にはかきませんよ。

有名じゃないキャラクターならマネしてもいいかって？　今日は、有名でなくても、キャラクターものはかかないようにしましょう。もちろん、キャラクターのいいところを参考にするのは構いません。ポケモンに出てくる、電気とネズミのキャラクター。このように、何かを組み合わせるという考え方を参考にするのはいいことです。例えば、電気の代わりに、炎とネズミを組み合わせるのはどうでしょう？　氷とネコ、雷と犬なんかもありますよ。

一生懸命考えて、世界にひとつの絵をかいたとします。みんなが新しく創り出したものです。しかし、あとになってネットなどでその作品を見た人が〇〇の絵にそっくりだ！　と言って騒ぎになることがあります。そういうことは、芸術の世界ではよくあるそうです。みなさんも、自分で考えたのに結果として誰かの絵にそっくりになることがあるかもしれませんね。わざとではなく偶然そうなったのであれば、それもおもしろいですね。

【 しまった！でも大丈夫！ 事後の指導例 】

「これは、どこからどう見ても、キャラクターの〇〇に瓜二つですね。著作権上もちょっとまずいと思う。作品展に出す予定だからね。申し訳ないけれど、□□と△△の部分を消してかき直したり、クレヨンで塗りつぶしたりできるかな？　先生が先にしっかり言っておけばよかったね。ごめんなさい」

第1章　想像画とは？

「失敗した」と思う想像画⑦
動きのない絵

直立不動な絵は「動きがない」と不満に思われる

次は、「動きのない絵」です。

イメージ①の絵では、赤組・白組に分かれて綱引きをしています。こちらは想像画というよりも、「運動会の絵」という位置づけでしょうか。

赤組・白組の子どもたちがお互いに、力強く綱を引いている様子を絵に表そうとしています。しかし、どういうわけか、綱引きにしては動きに欠けているのも事実です。どうも綱引きの迫力が出ない。

ではどうすれば、動きのある絵になるでしょうか。例えば、以下のようなアドバイスが考えられます。

● 綱を引いているのだから、まっすぐに立つのではなく、もうちょっと体を倒したほうがよい。

● にっこり顔ではなく、歯を食いしばっている顔にするとよい。

● 勝敗を決めるテープが、左右どちらかの方角へずれているほうがよい。

● 一人ひとりをもうすこし大きくかくとよい。

イメージ①

運動会の絵であれば、前述のような絵が多数出てくることを想定して、事前にこのような指導をしておくことも可能でしょう。しかし、想像画の場合はどうでしょうか。ある程度、テーマを決めることはできても、想像の絵ですから、子どもが何をかいてくるのか、教師は予想が立てられません。

想像画にも「動き」が求められる

もしも、「夢の国の運動会」「宇宙人のオリンピック」などと題して、イメージ②のような絵を子どもがかいたら、どうでしょうか。宇宙のどこかで、地球人と同じように、宇宙人が運動会の綱引きをやっているかもしれない、そう考えた子どもの想像力を否定できるものではありません。一方、動きに欠けるように見えてしまうのも事実です。

ほかにも、もうちょっと大きくかいてほしいとか、どこかで見たような絵だなと感じることもあるでしょう。

私たちは想像画にも、「動きのある絵」を求めているのかもしれません。

なお、「動きのある絵」をかかせるためのコツは、後述する「回転」「アシンメトリー」の指導例を参照してください。

イメージ②

想像の世界の絵でも「動きがない」絵は迫力に欠ける。

「失敗した」と思う想像画⑧
表情の乏しい絵

自画像や肖像画にありがちな「無表情」

次は、「表情の乏しい絵」です。これらは、想像画というよりも「自画像」「肖像画」でしょうか。鏡を持ってかかせたり、学級担任が細かく指導をしてかいたりすると、下のような絵が仕上がります。

細かい箇所まで、よく観察してかいていることがわかります。

- 目は白目・黒目と細かく表現している。
- まゆ毛やまつ毛も細かくかいている。
- 上唇と下唇の違いをかき分けている。
- 鼻柱や皺なども細かくかいている。

ほかにも、上半身に限定してかくことで、紙いっぱいにかかせることができています。「小さい絵」にもなっていません。

イメージ①

イメージ②

イメージ③

一方で、次のように見ることもできます。

- 表情に欠ける。
- 緊張したように見える。
- 教師の指導が入り過ぎていて、いやいやかかされたようにも見える。
- 見ていて、あまりおもしろくない。

ひと言で表すならば、「運転免許証のような絵」になっていると感じるかもしれません。自分の運転免許証の写真を気に入っている人はあまりいないと思います。なぜならば、真正面を向いて、言わ

れるがままに撮られるからです。そこに主体性はありません。笑顔はもちろんダメ。変顔もダメ。斜めに向いたり、傾いたり、ふざけたり、片目をつぶったりなど……。これらは、いずれもやり直しとなるはずです。もちろん、本人の証明書となる運転免許証ですから、それは当然です。

しかし、自画像は免許証ではないのですから、いろんなポーズやおもしろい顔、魅力的な顔があってもいいわけです。本人や周囲が思わず笑顔になるような、表情豊かな絵にどうすればなるでしょうか。

着色や素材の工夫だけでは、豊かな表情にならない

試しに、前述の絵をパソコンに取り込み、「アート機能」を使って、加工してみました。確かに、印象は変わります。しかし、「表情が乏しい絵」であること

についてはあまり変わりがありません。

つまり、豊かな表情を出すためには、着色や素材ではなく、線などを工夫しなければならないことがわかります。

デフューズ

セメント

パッチワーク

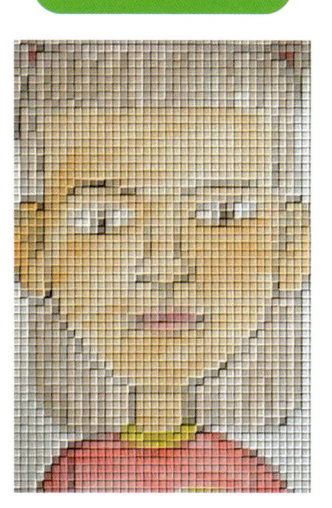

では、実際にはどう指導すればいいでしょうか。後述するアイデア「回転」「アシンメトリー」を使えば、表情のある想像画をかかせることができるようになります。

「表情のある」想像画作品の具体例

● 作品名
「じぶんのかお」
（小1／クレヨン画）
・表情豊かな顔。「回転」や「アシンメトリー」を使ってかいた。こちらまで笑顔になる。

● 作品名
「じぶんのかお」
（小1／クレヨン画）

● 作品名 **「じぶんのかお」**
（小1／クレヨン画）
・自分でかいた自分の顔を、教室後方に掲示した。1枚1枚表情があっておもしろい。

第1章 想像画とは？

「失敗した」と思う想像画⑨
面倒くさそうな絵

早くかいて「完成」と言われてしまう

お次は、「面倒くさそうな絵」です。

図工の指導をしていて、こんな場面を経験したことはありませんか？　私はよく経験していました。

場面は、絵画指導。低学年です（イメージ①）。

「ハイ、終わり。先生できました。粘土やってもいいですか？」

「え、もう終わったの？」

「……。色塗ってないんじゃない？」

「これはこういう白いカブトなの！」

「白いカブト？　……わかりました。周りに何かかかないの？」

「かかない。粘土やってもいいですか？」

「まだ白いところがあるよ。景色を塗ろうか」

「景色は塗らない！　これはこれでいいの。完成なの！　ハイ、粘土」

「……」

イメージ①

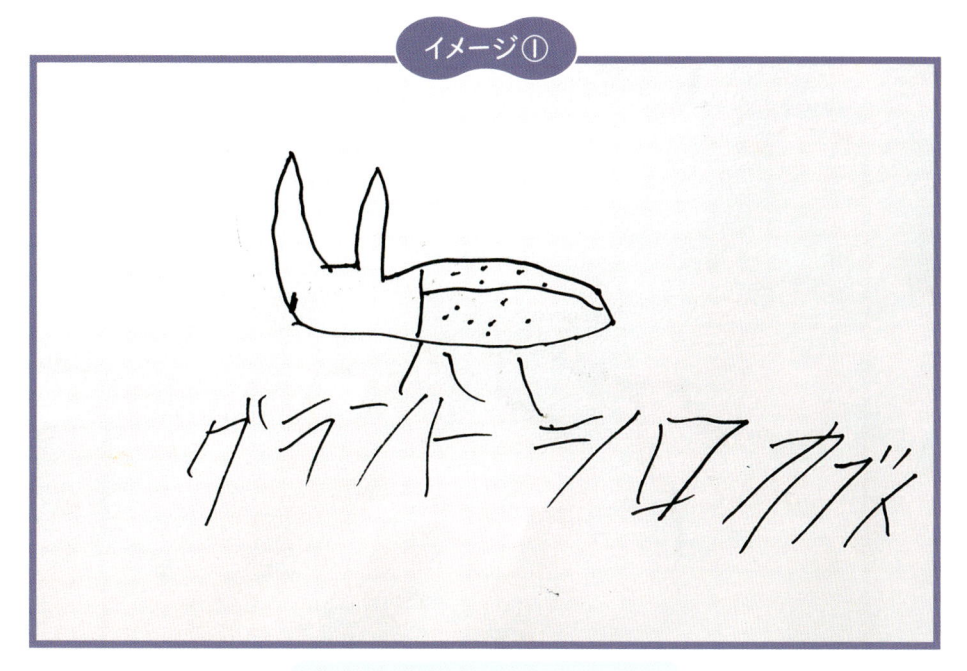

◉作品名「グラントシロカブト」

自由度が高いからこそ、うまく逃げられてしまう

　また、こんな場面もあります。高学年女子とのやりとりです（イメージ②）。

「先生、できた。もういいでしょ？」

「……。これは？」

「題名に書いてあるじゃん。『空虚な私』。自分の心を表現したわけ。真っ白な無の世界。そこに私がゆらゆら漂っているの」

「……本当に、それでいいの？　だって、みんなまだかいているよ」

「みんなまだかいているとか、関係なくない？」

「う〜ん。だったら、もっと楽しくなるような題名にしようか」

「心象表現なんでしょ、図工って」

「まあ、そうなんだけどさ。空虚とか、そういうの、ちょっと暗い気持ちになっちゃうと思うよ。もう少し明るいのにしたら？」

「じゃあ、『雲の中と私』でいいや。『綿菓子と私』？　あ、語呂いい〜」

「……」

「最後に鑑賞とかあるんでしょ？　そこでちゃんと説明するから」

「……」

「じゃ、これで完成ね」

　このように、面倒になって色を塗らない子ども、すぐに「完成した」と言う子どもがいます。「お話の絵」「校舎の遠景」のように、かく対象がある程度決まっている場合、「背景までかく」「色を塗る」のは当然ですので、指導も簡単でしょう。

　しかし、想像画の場合、自由度が高いので、「これで完成」と逃げられてしまうことがあります。次のページのように、指導には工夫が必要です。

イメージ②

●作品名「空虚な私」「雲の中と私」「綿菓子と私」

今日は、色画用紙にかきます。だから、背景を塗らなくても大丈夫です。

早く終わった人には、作品解説を原稿用紙10枚くらい書いてもらおうかな。あ〜、そっちのほうが面倒くさそうだね。

　面倒くさがる子どもには、早く終わったら、「もっと面倒な作業がある」ことを事前にチラつかせておくのも効果的でしょう。

　3章で紹介する「パンダ模様を加える」や「角・羽・しっぽをつけてみる」といった「困ったときのアイデア」なども参照してみてください。

指導の工夫次第で、ダイナミックで個性のある想像画をつくることができる。

第1章

「失敗した」と思う想像画⑩
はっきりしない絵

はっきりしない絵は「ふちどり」ではっきりさせる

「失敗した」と思う想像画の最後は、「はっきりしない絵」です。

何がかかれているのか正直よくわからないので、「何を言っていいか、コメントするのに困る絵」とも言えるでしょう。

指導の工夫について、詳しくは95ページから紹介する基本アイデア「ふちどり」も参考にしてください。

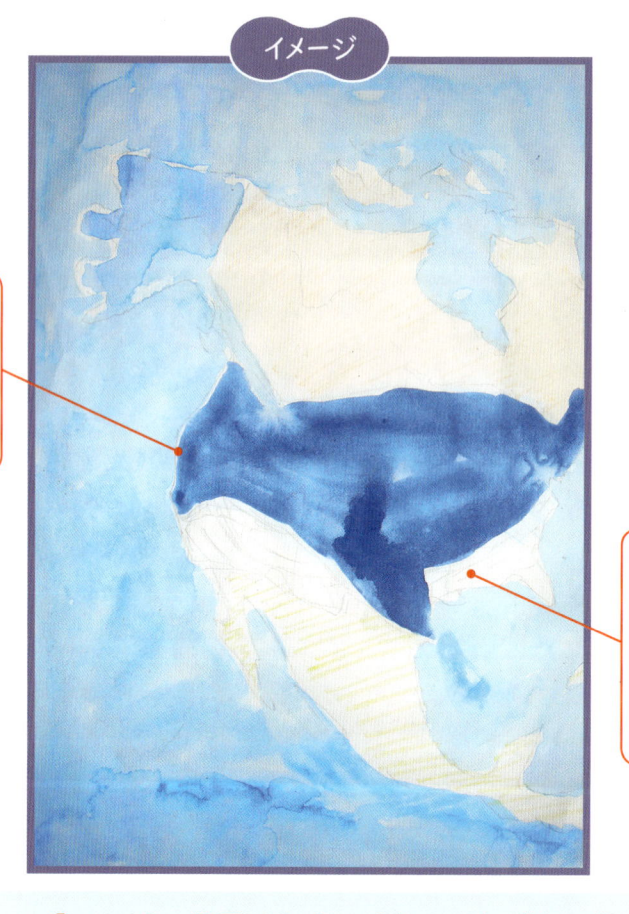

イメージ

線描が薄く、どこがクジラか、すぐにはわかりづらい。

「アメリカの地図」として強調したいのか、アメリカ大陸なのか、アメリカ合衆国なのか、わかりづらい。

◉作品名「アメリカの地図はクジラに似ている気がする（仮）」
・タイトルも、自信がなさそう。本人も決めかねているようだ。

まだ間に合う! 事前の声かけ例

自信はないけれど、とりあえずかいてみた。そうしたらやっぱり、自分でもよくわからない絵になってしまった。そんなこと、ありますよね。それでも、大丈夫。何とかなります。

みなさんも、何か聞かれたことについて考えながら答えているうちに、ふと思いついたり、ぼやけていた輪郭がだんだんはっきりしてきたりすることって、あるでしょう？　想像画も同じです。何の絵か、最初からはっきりしている必要はありません。やっているうちに、あとで決めるのもいいと思います。

〘 しまった! でも大丈夫! 事後の指導例 〙

「みなさんがいちばん伝えたい部分や、主人公の登場人物がいるでしょう？　そこが埋もれてしまわないように、黒のクレヨンや太字の油性ペンなどで、太くなぞってみましょう」
「メインにしたい部分がはっきりすると、伝えたいことも明確になります。すると、ストーリーも完成するんじゃないかな」

指導後のイメージ

アラスカ地方をクジラの潮吹きに見立てていることがわかる。

アメリカ合衆国を黒くふちどり。クジラに見立てていることがすぐにわかる。

◉作品名
「アメリカン・ホエール」
・絵に自信がつくと、題名も自信に満ちあふれてくる。

第1章　想像画とは？

想像画の「失敗した」をひっくり返して考える

想像画の「いい絵」は「失敗」から定義できる

　ここまで、「失敗した」と思う絵について、たくさんの具体例を挙げて見てきました。

　では、想像画の「いい絵」とはどんなものでしょうか。「失敗した」と思う絵に手がかりやヒントを見出すことはできないか、考えてみましょう。

　小学校において求められる「想像画」とは、どんな絵なのか──。

　想像画を具体的にイメージすることは難しいことです。なぜならば、子どもたち一人ひとりが頭の中で、あるいは心の中で自由に想像することをこちらは見ることができないからです。

　しかし、あまり求められていない「想像画」ならば、イメージできるはずです。そのヒントになるのが「失敗した」と思う絵です。

　振り返ってみましょう。今回例示したのは次のような絵でした。

やってみよう！ ☑

課題　「失敗した」をひっくり返して考えると……。

- 下品な絵 ⇔ ＿＿＿＿＿＿＿絵
- そっくりの絵 ⇔ ＿＿＿＿＿＿＿絵
- 残酷な絵 ⇔ ＿＿＿＿＿＿＿絵
- 動きのない絵 ⇔ ＿＿＿＿＿＿＿絵
- キラキラした絵 ⇔ ＿＿＿＿＿＿＿絵
- 表情の乏しい絵 ⇔ ＿＿＿＿＿＿＿絵
- 小さな絵 ⇔ ＿＿＿＿＿＿＿絵
- 面倒くさそうな絵 ⇔ ＿＿＿＿＿＿＿絵
- よくある絵 ⇔ ＿＿＿＿＿＿＿絵
- はっきりしない絵 ⇔ ＿＿＿＿＿＿＿絵

　これらについて、ひっくり返して考えてみましょう。ひっくり返すとは、反対にしたり、逆さにしたり、否定したり、ネガ（反転）にしてみたりするということです。考えたら、試しに上の空欄やノートなどに記入してみましょう。

　もちろん、ここに挙げた例以外でも構いません。

失敗をひっくり返すと、求められている「想像画」になる

例えば、次のような絵が考えられるのではないでしょうか。

- 下品な絵
⇔下品でない絵／上品な絵／品のある絵／下ネタを封印した絵

- 残酷な絵
⇔残酷でない絵／クリーンな絵／平和な絵／笑顔のあふれる絵／楽しそうな絵／ハッピーな絵

- キラキラした絵
⇔キラキラしていない絵／地に足のついた絵／マンガっぽくない絵

- 小さな絵
⇔大きな絵／小さくない絵／迫力のある絵

- よくある絵
⇔見たこともない絵／初めて見る絵／新鮮な絵／斬新な絵／レアな絵／不思議な絵／おもしろい絵／魅力的な絵

- そっくりの絵
⇔独創的な絵／創造的な絵／思いもよらない絵／自分で考えた絵／マネをせずにかいた絵／世界でたったひとつの絵／自分だけの絵

- 動きのない絵
⇔動きのある絵／今にも動き出しそうな絵／お話しできそうな絵／ストーリーができそうな絵／続きがつくれそうな絵

- 表情の乏しい絵
⇔表情のある絵／表情あふれる絵／表情豊かな絵／おもしろい絵

- 面倒くさそうな絵
⇔エネルギーのある絵／根気が伝わる絵／力みなぎる絵／丁寧にかいた絵／粘り強くかいた絵／活き活きとした絵

- はっきりしない絵
⇔はっきりした絵／わかりやすい絵／主張が伝わる絵／明確な絵／思いが伝わる絵／心象が具現化した絵

つまり、上記のような絵が、小学校の想像画では求められていると考えることができるはずです。だとすれば、想像画は意図して創り出すこともできるはずです。「想像画は指導できない」と丸投げするのではなく、「想像画の指導は確かに難しいけれど、指導できることもある」と発想を変えてみてはいかがでしょうか。

「想像画」は「創造画」？

私たちは「想像」と言いながら「創造」を求めている

実践に入る前にひとつ考えてみましょう。「想像」画は、「創造」画でなければいけないのでしょうか？

前者の「想像」は「イマジネーション」や「イマジネート」の意味です。また、後者の「創造」は「クリエーション」「クリエイト」の意味です。

両者は本来、異なるもののはずです。ところが、私たちは「自由に想像（イマジネーション）しましょう」と言いながら、同時に、クリエイティブの「創造」を求めていないでしょうか。

子どもたちは友達の想像画をマネして「想像」し、既存のキャラクターを元に「想像」して絵をかいているのかもしれません。しかし、それを私たちは「ダメです」と否定してしまいます。つまり、「イマジネートしなさい」と言いながら、「クリエイト」を求めているのです。これでは、子どもも混乱します。

これには、「ソウゾウ」という同じ言葉の響きも関係しているのかもしれません。音の響きが同じであるから、「想像」してかくことにおいても、「創造」的であることを自然と求めてしまうのかもしれません。

新学習指導要領における「創造」とは

では、新学習指導要領（2017〈平成29〉年告示）では、どう示されているでしょうか。「想像」と「創造」を確認してみましょう。

なんと、「創造」（クリエーションの意）は、図画工作科の教科目標（1）（2）（3）すべてに登場します。

それぞれ、「創造的につくったり表したりすること」「創造的に発想や構想をしたり」「楽しく豊かな生活を創造しよ

うとする態度を養い」とあります。

予測困難な時代にあって、「創造」する力は、私たちに最も求められる資質・能力のひとつとされています。コンピュータやロボット、AIは「創造」するのが苦手だから、だそうです。

「想像」画が、「創造」画であることを求められるのは、時代の必然なのでしょう。つまり、想像画は創造画でなければならないということです。

では、具体的にどうすれば、想像画は創造画たり得るのでしょうか。

次章からは、想像画を「創造」するためのアイデアを見ていきます。

新学習指導要領における図工の教科目標と「創造」の位置づけ

『小学校学習指導要領』（2017〈平成29〉年3月告示）より　第2章　第7節　図画工作
第1　目標

> 表現及び鑑賞の活動を通して，造形的な見方・考え方を働かせ，生活や社会の中の形や色などと豊かに関わる資質・能力を次のとおり育成することを目指す。
>
> （1）対象や事象を捉える造形的な視点について自分の感覚や行為を通して理解するとともに，材料や用具を使い，表し方などを工夫して，創造的につくったり表したりすることができるようにする。
>
> （2）造形的なよさや美しさ，表したいこと，表し方などについて考え，創造的に発想や構想をしたり，作品などに対する自分の見方や感じ方を深めたりすることができるようにする。
>
> （3）つくりだす喜びを味わうとともに，感性を育み，楽しく豊かな生活を創造しようとする態度を養い，豊かな情操を培う。

※赤字は筆者加筆。

『小学校学習指導要領解説　図画工作編』（2017〈平成29〉年6月）より　「図画工作科の改定の趣旨及び要点」（2）改定の要点

> ①目標の改善
>
> 　目標は，次のような視点を重視して改善を図る。
>
> ア　教科の目標
>
> ・生活や社会の中の形や色などと豊かに関わる資質・能力の育成を一層重視することを示す。
>
> ・育成を目指す資質・能力を，「知識及び技能」，「思考力，判断力，表現力等」，「学びに向かう力，人間性等」の三つの柱で整理して示す。
>
> ・図画工作科の特質に応じた物事を捉える視点や考え方である「造形的な見方・考え方」を働かせることを示す。
>
> ・育成を目指す資質・能力の三つの柱のそれぞれに「創造」を位置付け，図画工科の学習が造形的な創造活動を目指していることを示す。

※赤字は筆者加筆。

第1章　想像画とは？

想像画の題材例は、どうやって考えているの?

日常の中にあるものを組み合わせてみる

　想像画の指導を進める中で、「自分でも題材例を考えてみたい」「自分もおもしろい題材を創造し、子どもに投げかけてみたい」と思うようになる先生方も多いでしょう。

　しかし、そもそも教師はどうすれば、おもしろい題材を思いつくことができるのでしょうか。

　楽しい題材が湯水のように湧き上がれば苦労しないのですが、こればかりは、なかなか思い浮かばないのが正直なところです。私も日々、試行錯誤しながら考えています。

　ひとつの方法としては、3章で紹介する「○○×△△」のように、何かをかけ合わせてみるやり方があります。

　例えば、移動中の電車で外を見ながら目をつぶり、開きます。方向を変えて、もう一度、目を開きます。それぞれ目に飛び込んだものを頭の中でかけ合わせてみるというのはいかがでしょうか。

　異質なものを組み合わせることで、今までにない新しいものが生まれます。

使えるアイデアは「質より量」が大切

　筆者も「ひらめいた!　これはすごいアイデアだ」と思って、一人でニヤニヤすることがあります。しかし、あとからインターネットで調べてみると、既存のアイデアとして存在するケースもあります。

　例えば、3章で紹介する「ありえない○○」という題材例について、「ありえない季節」というお題を思いつきました。冬といえば、サンタクロース。夏のサンタクロースなど、ありえないからおもしろそうだなと思ったら、ネット上ではキャラクターや商品になっているくらい多々ありました（苦笑）。

　そして、季節があべこべになると、多くの日本人の場合、「夏炉冬扇」のように、不快に思う人が多いということもわかり、「ありえない季節」という設定自体をやめました。

　というように、結果としてボツになるものも含め、私は手当たり次第、アイデアをメモしています。量が大事です。質よりも、量が大事だと思います。

7つの基本アイデア

想像画指導に難しいことは必要ありません。少しの工夫で、子どもの絵はみるみる変わります。ここでは、指導のベースとなる7つのアイデア、「地味な色画用紙」「灰色のクレヨン」「トリミング」「引き伸ばし」「回転」「アシンメトリー」「ふちどり」を紹介します。

基本アイデア①
「地味な色画用紙」

● 地味な色画用紙で、子どものエネルギーを引き出す

「いい絵」と言われる想像画にはエネルギーがあります。力がみなぎっているのです。指導のベースのひとつ目として、

活気ある絵をかかせるためのアイデアをご紹介します。それは「地味な色画用紙」です。

◉作品名「クッパ」（小5／「動物×植物」より「ライオン×さくらんぼ」）
・ライオンをかくと意気込んでいたが、色画用紙が深緑しか残っておらず驚く。
・色を塗り始めると、勢いに乗った。力強い絵になった。

絵をかかせる画用紙の色は白に限りません。さまざまな色を用いるのがよいで

しょう。しかし、何色もの色画用紙を用意した結果、子どもが選ぶ色はいったい

何色でしょうか。

　子どもが好きなのは、「きれいな」色、派手な色、有名な色などです。中でも、水色、黄色、ピンク、黄緑などの明るい色の色画用紙は教師も好んで使用します。係のポスター、廊下に掲示する児童会の目標、保健の標語などに使えるからです。色画用紙の上から文字を書いたり印刷したりしても、よく見えるので重宝します。

　白い画用紙ではなく、色画用紙を使えば、空の色や背景を塗らずに済みます。色塗りの時間を削減できますし、余白を塗ることを面倒に思う子どもにとっても、色画用紙は大変有効です。明るい色の色画用紙を使えば、用紙全体が明るくなり、

よくある色画用紙のイメージ。子どもは、水色、ブルー、ピンク、黄色、黄緑、赤などのきれいな色、鮮やかな色を好む。教師も、文字印刷などによく利用する。

結果として、明るい絵が出来上がることがあります。教材会社に頼めば、八つ切りではなく、六つ切りや四つ切りの色画用紙も用意してもらえるでしょう。

・ 色画用紙の奪い合いが授業のピークに

　しかし、ここで注意しなければならないことがあります。好きな色を選ぶことができたという時点で、子どもは満足していませんか。

　「オレは○色！」「私は○色！」など、色画用紙を並べたそばから競争が始まります。じゃんけんで勝った人や威勢のいいグループから色画用紙を取っていきます。みんな、必死です。限られた「きれいな」色の画用紙を手に入れることに、自分がもっている全エネルギーを注ごうとする、そんな子どももいます。

　そして、手に入れると、フーッとひと息。そこで満足してしまうのです。2時間続きで90分の授業だとして、色画用紙を取る最初の5分くらいに、もうピークが来てしまうようです。その後は消化

試合のようになってしまいます。

　想像画がエネルギーに満ちあふれた絵だとするならば、色を自由に選び、満足してしまった子は、そこで力が抜けてしまうのです。

好きな色の画用紙だと……

そこで満足してしまう（本時の目標達成）。

自由を求める絵、創造的な絵をかかせたいならば、色選びを「逆」に考えてみる必要があるのではないでしょうか。す

なわち、子どもが好まないような色を与えてみるということです。

茶、こげ茶、黒、ねずみ色、藍、群青、深緑、えんじ、抹茶、うす茶、黄土色、藤、とき、うぐいすなどの、地味な色合いの色画用紙。

地味な色画用紙で子どもの主体性が萌芽する

色の正式名称はわからなくても構いません。むしろ、知らないくらいのほうが、不明色・不人気色ということで好都合です。直感で、地味だと思う色を数種類、注文しましょう。40人クラスだとしたら、10種類以上の色があるとおもしろいでしょう。そして、授業開始時などに、教室の前などにズラリと並べましょう。

子どもたちは「自由に絵をかきたい」「想像の世界の絵を画用紙いっぱいにかいてみたい」「好きにかくために、まずは好きな色画用紙を使いたい」と思っているでしょう。ところが、用意されているのは地味な色画用紙ばかり。子どもたちはどう思うでしょうか。そうです。当然、不満に思います。

「え……」

「何、これ？」

「ちょっと待ってください先生。これは私の好きな色じゃありません！」

こんな声が挙がるかもしれません。この「不満」こそが、エネルギーになるのです。この不満を利用しない手はありませ

ん。不満は大きなエネルギーに変わります。

自由を求める想像力のバネが今、ぎゅうっ……と縮んでいます。圧縮された子どもの思いは色画用紙にどっと湧き出ることでしょう。

「もっとかきたい」

「もっと塗りたい」

「もっと目立ちたい」

「好きな色で自由にかきたい！」

このように、子どもたちの「主体性」が萌芽します。

- ●地味な色の画用紙が子どものかきたいという気持ちに圧縮をかける。
- ●子どもたちの主体性が萌芽する。

とはいえ、ピンクや水色の色画用紙を選ぶことがいけないわけではありません。しかし、かわいい絵をかきたいという子どもの思いは、ピンクや水色の色画用紙によって、相殺されることが多いのが事実です。

ピンクや水色の色画用紙に、クレヨンでピンクや水色を塗っても、なかなか映えません。しかし、こげ茶や深緑などの

色画用紙に、ピンクや水色のクレヨンの色は存在感が違います。背景となる色画用紙が地味なだけに余計目立つのです。子どもの「好きな色」への思いは、彩色するときにこそ、爆発させるべきではないでしょうか。

　想像画の色画用紙。地味な色に限定することで、子どものエネルギーを引き出しましょう。

地味な色画用紙の不満が……
エネルギーに変わる。

もっとかきたい！
もっと塗りたい！
もっと目立ちたい！
好きな色で！
自由にかきたい！

➡「**主体性**」の**萌芽**

地味な色画用紙による作品の具体例

●作品名「獰鮫（ドーシャーク）」
（小1／「ふしぎな魚『うみもん』」より）
「深海に棲む。性格は獰猛。背びれには毒がある。腹びれ・尻びれがするどい。天敵はマッコウクジラ」

　１年生がかいた想像画です。子どもの思いが爆発しています。

　人には本来的に「補色」機能が備わっていると言われています。暗い画用紙が

あれば、明るい色で補おうとします。自家発電のように、自ら主体的に明るい色を使おうとするものです。地味な、暗い色の色画用紙でそれを誘導したわけです。

◉作品名「パワームーン・メダマエビ」（小1／「ふしぎな魚『うみもん』」より）

「パワームーンのような目で、敵を確実に殺してしまう、おそろしいエビ。弱点は強い光。光の届かない深海にいるから、フラッシュに弱い」

・奥には「しんかい6500」。手前にはオオグチボヤ。深海好きが伝わってきますね。トリミングと引き伸ばしを上手に使って、長い長いエビを画面いっぱいにかきました。

暗い色の色画用紙しか手に入らなかったことについて、本人たちは当初、納得いかない様子でした。しかし、「ほら、深海の魚ってことにすればいいんじゃない？」などと励ましたところ、今度は納得した様子でした。

　想像画の完成後は、それを写真に撮って紙に貼り、カードに仕上げました。学校で流行っていた「うみもんカード」という魚カードの限定オリジナル・バージョンです。このカードを使って、カードバトルや交換などをして楽しみました。

作品を使って作った「うみもんカード」。特徴や体力、攻撃力、守備力などを細かく設定して、実際にバトルして遊べるようにした。

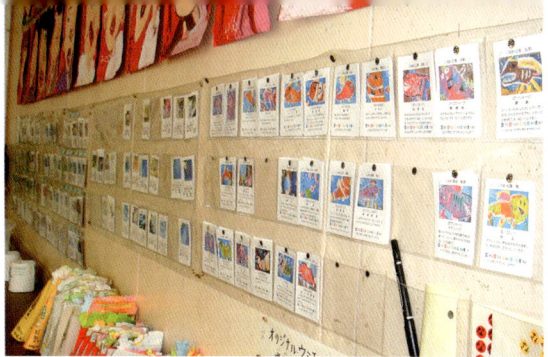

「うみもん」づくりには図鑑なども参考にした。どの作品にも、子どもたちの創造力が存分に発揮されている。

◉作品名「**チクチクボーイ**」（小3／「動物×植物」より「ハリセンボン×サボテン」）
「好物は深海サボテン。海底温泉で温まるのが大好き」

• トリミングと引き伸ばしの練習を行ったあとでかいた。下がきの魚の絵は当初小さく、ハリセンボンの「針」は細い線だったが、引き伸ばした絵は迫力ある鋭い針のような鱗になった。

基本アイデア②
「灰色のクレヨン」

灰色のクレヨンの3つのメリット

みなさんは、画用紙に想像画をかかせる際、何を使って線描をさせていますか。

鉛筆、油性ペン、フェルトペン、クレパス、割り箸ペンなど、いろいろな種類がありますが、ここで私がすすめたいのが、灰色のクレヨン（パス／クレパス）

です。

メリットは、次の3点です。

①画用紙によく映える。
②消しゴムで消すことができる。
③上からなぞることができる。

以下に詳しく述べていきましょう。

灰色のクレヨンのメリット① 画用紙によく映える

黒い画用紙に、灰色で線描。よく映える。

えんじ色のような画用紙に、灰色で線描。きれい。

想像画をかくためには、地味な色の色画用紙を使うといいと前述しました。こげ茶色、藍色、深緑など、地味な色の色画用紙に、灰色の線はとても似合います。

鉛筆や油性ペンなどの黒色の線ですと、線があまり目立たず、何をかいているのかよくわからなくなることがあります。

しかし、灰色のクレヨンならば、くっ

きりはっきり、美しい線をかくことができます。もちろん、状況に応じ、薄く下がきをしても構いません。薄く線描をし、かきたい線が決まったら、力強く濃くかくのもいいでしょう。

なお、色画用紙ではなく白い画用紙にかかせるときも、灰色のクレヨンは重宝します。

灰色のクレヨンのメリット② 消しゴムで消すことができる

灰色のクレヨンは、意外にも消すことができます。消しゴムでゴシゴシと消したり、色画用紙の色で上から塗りつぶしたり。いわば、やり直しが可能なのです。

名前ペンやフェルトペンを用いて、やり直しの効かない一発勝負をするのは、確かに大切なことでしょう。その一筆に魂を込めることに、私も賛成です。ところが、それでも「失敗した」「もう1枚紙をください」という子どもが出てくるのが実際の教室です。

「失敗はできない」「やり直しは効かない」と教師が言い過ぎると、子どもは失敗を恐れるあまり、萎縮してしまいます。想像画をかかせるのに必要な、自由な発想まで縮んでしまう恐れがあります。灰色のクレヨンは、失敗しても大丈夫なんだと、子どもに安心感を与えることが可能です。

「先生、失敗しました！」と子どもが言ってきても、次のように答えてやりましょう。

「ああそう。大丈夫だよ。いつでも消しゴムで消せるから。気になるなら、今すぐ消しゴムで消そうか。あとでもいいなら、続きをかこうか」

「平気平気。あとで塗りつぶせるから、とりあえず続けてかいてごらん」

こうした言葉で、子どもは安心します。すると、不思議なことに失敗したからあとで消すと言っていたその線が、子どもには気にならなくなるのです。消しゴムで消さず、その線を逆にうまく利用し、個性的な絵に仕上げることもあります。そうなれば、しめたもの。いつでも消すことができるからこそ、子どもは消さなくなります。失敗を恐れずのびのびとかかせることができるのです。もちろん、消すこともできます。

ちなみに黒のクレヨンだと、黒っぽい跡が残ってしまいます。ほかの色はどうでしょうか。いろいろ試してみるといいかもしれませんね。

よく見ると、羽を消しゴムで消し、かき直したことがわかる。

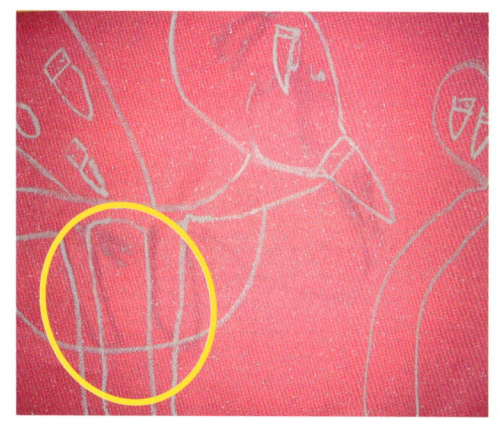

短くかいた鳥の足を消して、再度かき足している。胴体も、太くした。

灰色のクレヨンは、上からなぞるのにも適しています。書写ノートや漢字ドリルには、灰色でうすく書かれた文字がありますね。その上をフェルトペンや鉛筆で力強くなぞる。灰色のクレヨンはそれに似ています。

彩色時にクレヨンなどで色を塗り込んだら、下がきの灰色の線が消えてしまった。そんなときには、もう一度灰色のクレヨンでなぞるといいでしょう。あるいは、黒のクレヨンやフェルトペン、油性ペンなどで濃く・太くなぞるのもおもしろいです。黒で縁取られた、アメリカンコミックのような仕上がりになります。

また、手前の大きな絵は黒でなぞり、奥の小さな絵は灰色の線画でそのままにしておくのはどうでしょうか。水墨画や風景画のような、遠近感のある絵になります。遠くの景色は霞がかかり輪郭がぼやけ、近くの景色は濃くはっきりと見えますが、それと同じ理屈です。

どのようにも転がすことができる、灰色のクレヨン。想像画はもちろん、さまざまな場面で使ってみてください。

灰色のクレヨンによる作品の具体例

まずは、灰色のクレヨンで線描した。

◉作品名「アサーリア」(小1／「動物×植物」より「ヌートリア×アサガオ」)

「ヌートリアはカワウソみたいでかわいいし、植物はアサガオを育てているから選びました。足もアサガオです。尻尾が長い」

• 彩色後、下がきの線描を濃く、太くした。朝顔の花やつる、黒でヒゲをかき加えた。

◉作品名「ピック」(小1／「動物×植物」より「カモメ×どんぐり」)

「くちばしがどんぐりでできている。羽にもどんぐり。カモメなので、海のそばにすんでいて、魚が大好き」

• 彩色によって、下がき時の灰色の線描はほとんど消えた。主人公ピックを白のクレヨンで縁取ったので、カラフルな鳥の美しさがさらに際立っている。

7つの基本アイデア

基本アイデア③
「トリミング」

「トリミング」は残った部分を強調させる

写真の加工において、一部を切り出す加工のことを「トリミング」と呼びます。

みなさんは「硫黄島の星条旗」という写真をご存じでしょうか。星条旗を立てる兵士たちを写した、世界で最も有名とされる戦場写真のひとつです。ニューヨーク・タイムズに掲載され、有名になりました。どこかで見たことがある人も多いはずです。

実はあの写真、「トリミング」されています。星条旗や兵士を強調するため、背景の空や地面の一部を切り取っているのです。

例えば、下の絵を見てください。

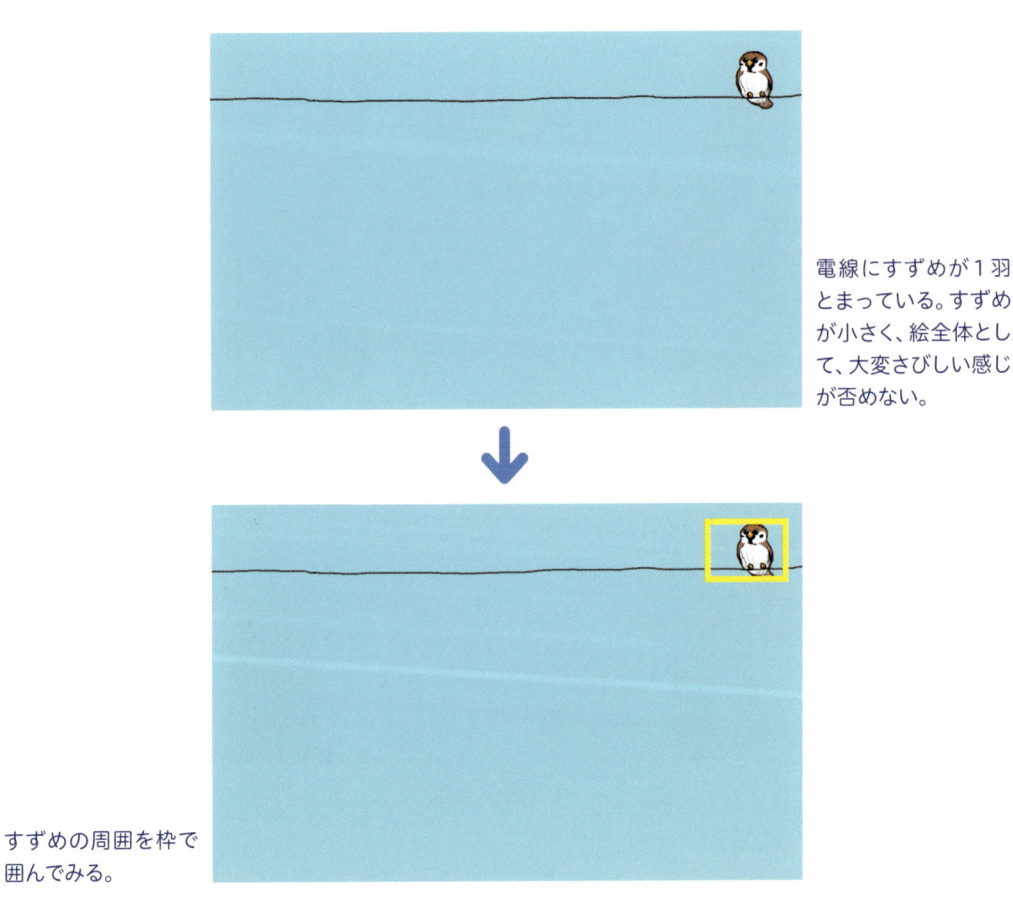

電線にすずめが1羽とまっている。すずめが小さく、絵全体として、大変さびしい感じが否めない。

すずめの周囲を枠で囲んでみる。

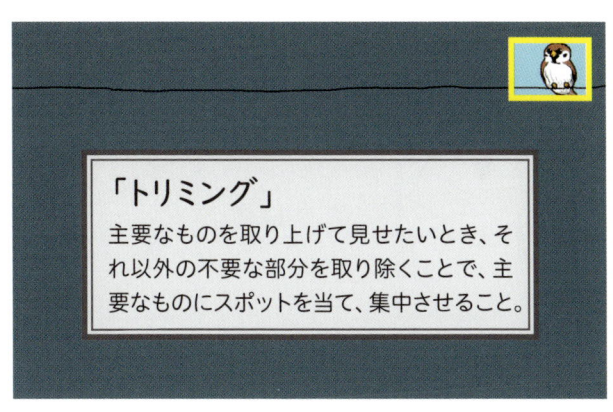

枠で囲んだ部分を残し、それ以
外を取り除く（＝トリミング）。

トリミングされた、すずめ。絵自体は小さいが、
すずめは、トリミング前よりも大きく見える。

「トリミング」は不要な部分を切り捨て、残った部分を強調させることです。パソコンでもこの機能を使ったことがあるのではないでしょうか。写真の加工技術であり、パソコンの画像加工でもあるトリミングを絵画指導にも活かしてみたいですね。

トリミングの演習① 囲んでみよう

イメージ①

上に、魚の絵があります。「下手な絵だ。本当の魚とは全然違う！」と思うかもしれませんが、巧拙は問題ではありません。

ここでは、トリミングの練習をします。魚の左の尾ひれと上の背びれが切れるように、四角い枠で囲ってみましょう。

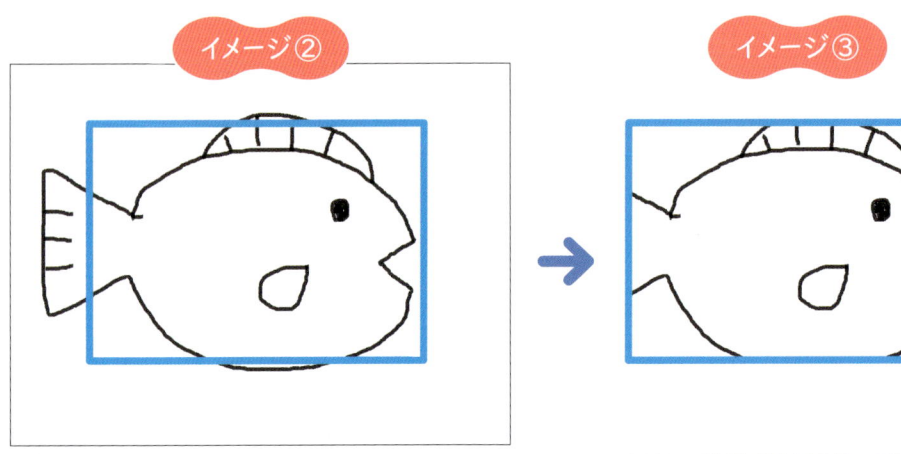

イメージ②

イメージ③

囲む。

トリミング（枠外を切り捨てる）。

　囲むことができたでしょうか。例えば、イメージ②のように囲んだら、背びれと尾ひれを切ることができます（この場合、下の腹も切れています）。もちろん、もっと切っても構いませんし、口の部分が切れても構いません。

　さて、イメージ①と、トリミングされたイメージ③を比較してみてくださ

い。魚そのものの大きさは変わりませんが、トリミングされたほうの魚は、大きく見えませんか？　背景を削り、スポットライトを当てたから、魚が大きく見えるのです。対象物をトリミングするのは、なかなか勇気が要ることです。トリミングの際は、思い切って「対象の一部を切る」のがポイントです。

イメージ④

イメージ⑤

　イメージ⑤は、トリミングの具体例です（秋をテーマにした俳画。これは想像画ではありませんが、トリミングのイメージです）。和紙に絵をかき、そのかいた和紙の余白を切って、色画用紙に貼りました。比較できるように、余白を切らなかった場合の絵（イメージ④）も色画用紙に貼っています。

　もちろん、絶対にトリミングしなければならない、というものではありません。トリミングすることで、柿の絵や、文字に注目しやすくなります。「光の集中」です。また、和紙を手でちぎった跡がおもしろい、という見方もできます。トリミングすることで、ちょっと味のある、素敵な作品になります。

・ 細かく小さい想像画にはトリミングが有効

想像画にもこの「トリミング」は有効です。子どもがかく想像画は、まるで自由帳にかいたように小さくて細かいものも多いのが特徴です。遠くから見ると迫力に欠けたり、細かすぎて途中で投げ出してしまったりするケースも多々見られます。

そんなときは、トリミングの出番です。子どもが最も力を入れている、あるいは最も気に入っている箇所を選び枠で囲み、それ以外をトリミングします。

トリミングによる作品の具体例

●作品名「とうみんはね いのちがけでやるものだ」(小1／秋の俳画)
・生き物は、冬眠の支度を秋に行うそうです。食料がなくなったり、敵に襲われたりする危険がたくさんあることを表しているとか。

トリミングを使った作品「秋の俳画」(小1作)。

　イメージ⑥のような、タコの絵があったとします。魚のトリミングと同様、頭や足をトリミングしてみましょう。

　そして、元の絵と、トリミングした絵を比較してみてください。タコは元の絵よりも大きく見えませんか？　タコの足も、もっと長く見えませんか？

イメージ⑥

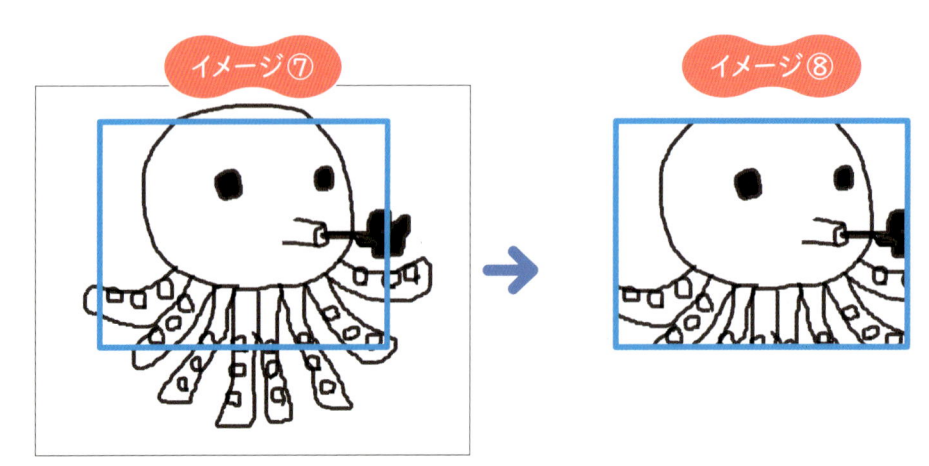

イメージ⑦

囲む。

イメージ⑧

トリミングすると、タコの足が長く見える。

　絵をかくとき、子どもは（いや、大人もです）、無意識に枠内に収めようとするものです。なかなか途中で切ることはできません。例えば、子どもが水族館で見た大きなサメを画用紙いっぱいにかくとしましょう（イメージ⑨）。ああ、大きなサメだ、迫力があるなあと頼もしく見守っていると、ペンやクレヨンの先が画用紙の端に近づいたところで、子どもは急に勢いにブレーキをかけてしまいます。そして、枠内にそのサメを収めようとするのです（イメージ⑩）。

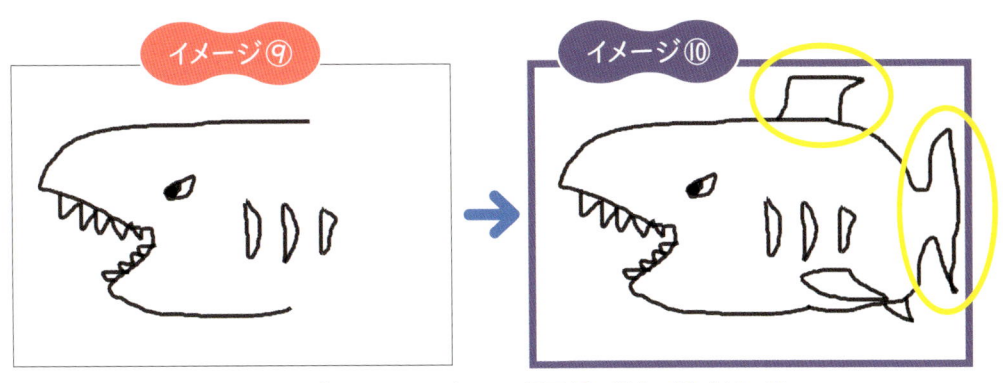

イメージ⑨　　　イメージ⑩

画用紙いっぱいにかいていたのに、画用紙の端まで近づくと、はみ出さないようにと、背びれや尾ひれを小さく収めてしまった。

・ 私たちは「枠内に収める」ことを繰り返してきた

なぜ、枠から出ようとせず、枠内に絵を収めようとしてしまうのでしょうか。そういえば、イメージ⑪のような経験はありませんか？

名前を書くときに、ペース配分を誤り大きく書いてしまった。続きが書けない！

イメージ⑪

消しゴムがあれば、もちろん消して書き直します。しかし、油性ペンなどで書いて消すことができない場合には、仕方ないので、残りを小さく書くでしょう（イメージ⑫）。

イメージ⑫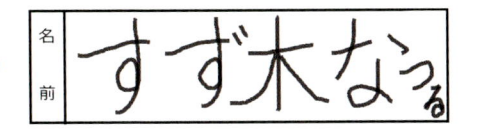

それがアンバランスであっても、枠からはみ出そうとは考えも思いもしません。なぜなら、名前は枠内に収めるものだと思っているからです。どうしてか、理由はわかりません。ただ、名前を書くときにそうであるように、絵をかくときも画用紙を枠内と捉え、その中に収めようとする心理が働くのです。

イメージ⑬を見てください。画用紙の端に位置して綱を引っ張る子どもが、ほかの子どもと比べ、細長い姿になってい

イメージ⑬

ます。これは、画用紙からはみ出しそうになったので、はみ出さないように細長くかいたのでしょう。

 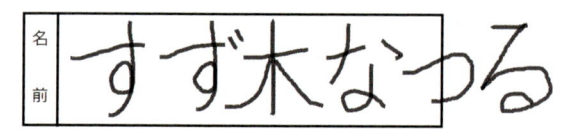

「はみ出して」かくとは、名前で例える
ならば、イメージ⑭のようになります。

枠からはみ出しても、そのままの大きさ
で続きを書くということです。

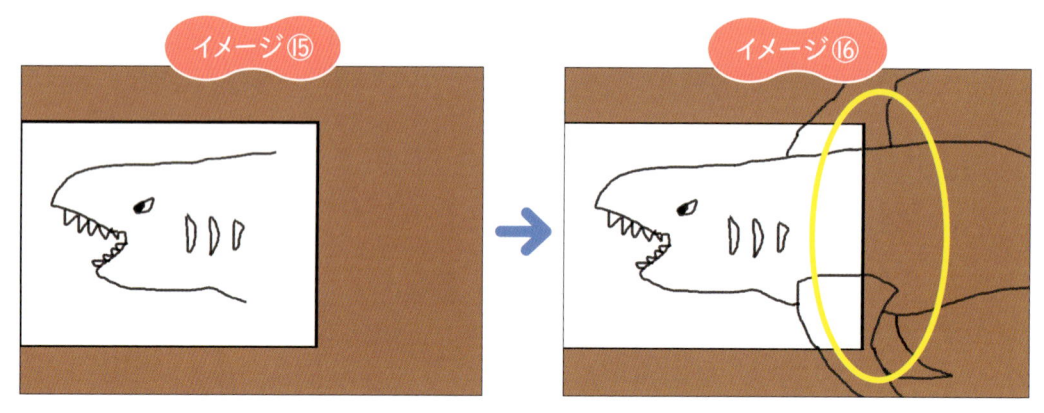

画用紙の端まで近づいても、はみ出すことを恐れなくなった。大きな絵をトリミングしたように、
紙からはみ出た続きの部分を想像しながらかくと、ダイナミックな絵になる。

　イメージ⑮を見てください。画用紙の
端まで近づいても、はみ出すことを恐れ
る必要はありません。「画用紙からはみ
出してかいてもいいよ」と指導しましょ
う。すると子どもは安心して、続きをか
きます（イメージ⑯）。結果として、画
用紙には迫力ある大きな絵が残るのです。

　また、「はみ出すように」かくとは、
名前で例えるならば、イメージ⑰のよう
になります。慣れてくると、枠外の部分
をかかずとも、まるで続きがあるかのよ
うにかくことができます。枠外の部分を
「トリミング」したかのようです。

 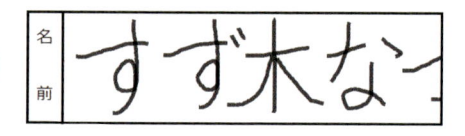

第2章　7つの基本アイデア

・ 画用紙から「はみ出して戻ってくる」ようにかいてみよう

画用紙からはみ出すようにかいたら、戻ってくるようにかいてみるのもおもしろいでしょう。例えば、しっぽを加えてみると、どうでしょう？

イメージ⑱

はみ出すようにかいたサメの絵。

イメージ⑲

「サメのしっぽ」を加えた。サメが体をくねらせて、しっぽを見せているようだ。大きな絵がさらに大きく見える。

イメージ⑳

イメージ㉑

画用紙の端までタコの足を伸ばしてかき、はみ出たタコの足が、また戻ってくるようにかいた。

イメージ㉒

色を塗ったイメージ。

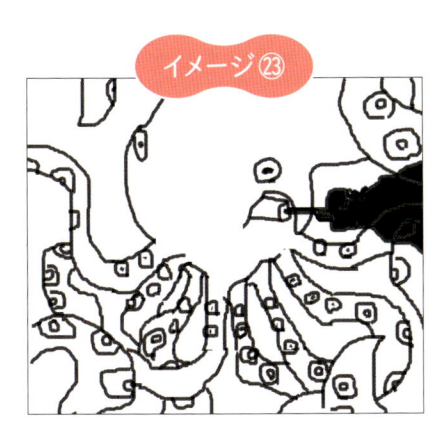

イメージ㉓

イメージ⑳のタコの頭（本当は内臓が入った「腹」）や口（墨を吐くのは口ではなく、「漏斗」）を少しリアルに。

イメージ㉔

色を塗ると、さらに強くてかっこいいタコになる。

第2章 7つの基本アイデア

人物ならば手足の一部を、動物ならば体の一部を、乗り物ならば車体や機体の一部を切って、枠内に収まらないようにしてみましょう。大きく感じられるはずです。

　トリミングによって、私たちは切られてしまった部分を自由に想像し、楽しむことができます。

　「この鳥の翼は、どれほど広く大きいのだろう？」

　「この船の煙突は、どんな形をしているのだろう？」

　例えば、「ミロのヴィーナス」の像は両腕がないからこそ、どんな腕なのだろうと、見る側の想像が膨らみます。それと一緒。見る側までも想像の世界に巻き込むことができたら、こっちのものです。

トリミングによる作品の具体例

◉作品名「**ホテイシガメ**」（小1／「動物×植物」より「イシガメ×ホテイソウ」）
「クサガメの水槽の水草の花が咲いて、きれいなのでホテイソウにしました。本当はイシガメをかいたいです」
・亀の胴体、ホテイソウの葉や花を色画用紙からはみ出すようにかいているので、迫力ある絵になった。背景のザリガニやカニが一緒にバンザイしているように見える。ホテイソウの美しい花が咲いたことを喜んでいるようだ。

第2章　7つの基本アイデア

基本アイデア④ 「引き伸ばし」

・引き伸ばすことで迫力が生まれる

小さい画像を引き伸ばし、大きくすることを「引き伸ばし」といいます。トリミングした写真画像などは通常、小さくなります。ですから、大きく見せるために拡大します。

イメージ②

イメージ①

69ページでトリミングした、すずめ。このままではサイズが小さ過ぎるため、引き伸ばしてみる。

「引き伸ばし」を行ったすずめ。「トリミング」前、「引き伸ばし」前と比べ、とても大きく感じる。画面いっぱいなので、迫力があるように見える。

「引き伸ばし」
小さくて見えにくかったものを、よく見えるようにタテ・ヨコともに引っ張り伸ばし、大きく見せること。

同じことを図工の想像画でも取り入れてみましょう。イメージ①のように小さくなってしまった絵を引き伸ばし、大きく見せるのです（イメージ②）。

写真をトリミングした場合、引き伸ばせば当然、画像はぼやけたり、粗くなったりします。ところが想像画の場合、そうとは限りません。拡大してやることで、想像画に新しい何かが生まれます。

まずひとつは、大きな絵になりますから、当然、迫力が生まれます。迫力が生まれれば、子ども自身ますます自信をもち、大胆な絵を仕上げようとします。

イメージ③

イメージ③のような葉っぱの絵があります。隣に2倍、3倍の大きさでかいてみましょう。はみ出したり、重ねてかいたりしても構いません。向きや形は、そのままでも、多少変わってしまっても大丈夫。引き伸ばせば大きくなると実感できることが大切です。

イメージ④

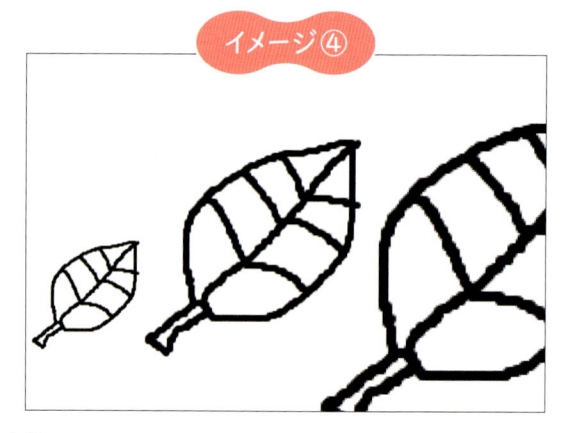

例えば、イメージ④のようになります。

中央の葉っぱは2倍、右の葉っぱは3倍に拡大したものです。引き伸ばすと、結果として枠内に収まらず、トリミングしたようになります。従って、トリミングと引き伸ばしは、合わせて指導するといいでしょう。

また、引き伸ばすことで、ミクロの視点が生まれます。

例えば、魚の絵を引き伸ばせば、鱗やヒレの模様にまで注意が向きます。「想像の魚の鱗やヒレは、どんな形にしようか？　どんな色にしようか？」と自由に想像を膨らませ、楽しんでかくことができます。「引き伸ばし」によって、子どもの想像力をも大きく引き伸ばすことが可能なのです。

イメージ⑤

34ページの「失敗した」と思う想像画で紹介した「小さな絵」。登場人物と家・木・太陽などをそれぞれ、引き伸ばすようにかくと……。

イメージ⑥

「大きな絵」になる。登場人物や家・木などの絵のタッチは変わっていないが、画用紙全体の印象は大きく違うことがわかる。

画用紙からはみ出るようにかいてごらん。

小さくなっちゃったら、（灰色クレヨンの線を）消しゴムで消せばいいよ。

それと同じ絵をタテ・ヨコ2倍にかけば、大きくなるよ。

引き伸ばしによる作品の具体例

●作品名「アカカ」

（小1／「動物×植物」より「メダカ×アカシア」）

「しっぽで叩かれると確実に死ぬ。しかし、取れるはちみつはとても甘い」

- 「アカシアの木×水棲生物であるメダカ」の組み合わせ。大人には出ないであろう、素晴らしい発想です。引き伸ばしを駆使して、大きな絵にしています。こぼれ落ちるアカシアのハチミツ（メダカミツ？）がおいしそうです。

第2章 7つの基本アイデア

第2章 7つの基本アイデア

◉作品名「はちたろう」（小2／「宇宙のいきもの」より）

「宇宙にすむ強いハチ。はちみつが好き」

- スズメバチを参考にかいた。最初のスケッチでは普通のスズメバチのサイズだったが（5㎝程度）、何倍にも引き伸ばし、画用紙から体をはみ出して戻ってくるようにかいた。

- 宇宙の蜂は、黄色と黒の縞模様ではなく、赤い電模様のよう。カンブリア紀の巨大生物「アノマロカリス」にも似ている。後方には、未確認飛行物体（UFO）を発見！

7つの基本アイデア

基本アイデア⑤ 「回転」

・ 準備 〜次のアイデアに入る前に〜

やってみよう！ ☑

課題 1分以内で「地面・家・木・人」をかきましょう。

ノートや余白などに「地面・家・木・人」をひとつずつかいてみましょう。

1分以内でお願いします。1分ですから、シンプルな絵です。例えば人ならば、棒人間で構いません。

さて、どんな絵ができましたか？

人は「安定」が大好きです。何をどうかいてよいかわからない。何が正解かわからない。不安に思うと、イメージ①のような絵になるのではないでしょうか。

私たちは無意識に、絵にも安定を求めようとします。平らな地面。垂直に伸びる木。地面につける両足。どっしりした家。先にかいた絵と、似ているのではないでしょうか。

「時間制限がある」

「いったい、何を求められているのだろう？」

「正しくかかなければならない」

「失敗してはいけない」

このように緊張し、焦るほど、人は身構えます。踊ったり、飛び跳ねたりはしません。安定を求めるような絵になるのは当然のことでしょう。想像画をかくとき、子どもは同じように感じています。

イメージ①

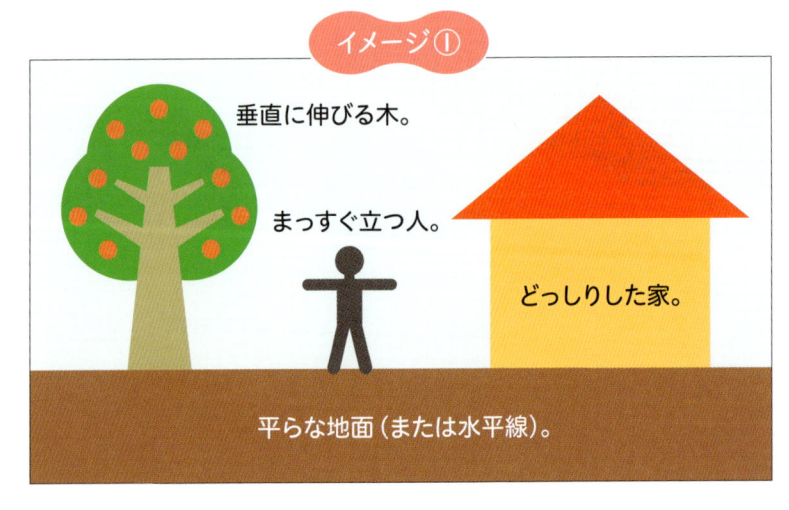

垂直に伸びる木。

まっすぐ立つ人。

どっしりした家。

平らな地面（または水平線）。

・「用紙」の回転

では、本題に移りましょう。

対象物の角度を変えることで、動きや表情を生み出すこと。これを「回転」と呼びます。パソコン操作で言うところの、「オブジェクトの回転」と同義です。「回転」も、図工の想像画に活かしてみましょう。

例えば、イメージ②のような道路に止まっている車の絵があったとします。これを斜めに傾けてみましょう。「ア用紙」そのものを傾ける、ということです（イメージ③）。

オブジェクトの回転

すると、車は急斜面を滑り落ちるような構図になります。今にも動き出しそうですね。動きが生まれるとは、例えば、こういうことを指します。

「用紙」の回転

イメージ②

ア用紙 ／ イ 車 ／ ウ 地面

イメージ③

回転の効果①
動きが生まれる。

「用紙」の回転による作品の具体例

◉作品名「春の運動会」(小1)
- 台紙に和紙を回転させて貼った。さらに、菱形状に回転させて、リズミカルに掲示している。

◉作品名「秋」(小1／「秋の俳画」より)
- 和紙を回転させて台紙に貼った。栗やどんぐり、木の葉が小躍りしているようにも見える。

「対象物」の回転

　では次は、イメージ④のように「イ車」という対象物だけ、回転させてみましょう。

　ドライバーの「おっとっと！」といった声が、あるいは急ブレーキを踏んだ「キーキー!!」などの音が聞こえてきそうです。また、ドライバーの慌てる表情が浮かんできます。車の後輪が浮き上がっているように回転させれば、慌ててブレーキを踏んでいるような構図になります。慌てているという表情を回転によって生み出しているのです。車に限らず、対象物を回転させることで、表情を生み出すことが可能となります。

「対象物」の回転

イメージ④

回転の効果②　表情が生まれる。

「対象物」の回転による作品の具体例

● 作品名

「じぶんのかお」

（小1／クレヨン画）

- 目や口などの各パーツを回転。
表情豊かに仕上がった。

● 作品名

「うみもんカードをしているぼく」

（小1／貼り絵）

- 頭部や胴体を大胆に回転。カードでバトル
中だろうか？　動きがよく感じられる。

● 作品名

「1年生の思い出」

（小1／貼り絵）

- 目玉や髪の毛を回転。
音楽が聞こえてきそうだ。

●「地面」などの回転

最後は、用紙でも車でもなく、「ウ地面（道路）」を回転させてみましょう。

こんなシーン、アニメでよくありますよね。気づいた瞬間にピューッと下に落ちるようなシーン。いくらでも物語ができそうです。道路に限らず、地面や海面、背景などを回転させても、おもしろいストーリーが生まれます。

「地面」の回転

ア 用紙
イ 車
ウ 地面

イメージ⑤

回転の効果③　物語が生まれる。

「地面」などの回転による作品の具体例

イメージ

◉作品名「すいかをキープするアライグマ」（木版画）
・水面を鋭い角度に回転することで、ライバルに取られまいとする様子が伝わってくる。

◉作品名「もしもしかめよ」

（小1／「動物×IT機器」より「ガラケー×ガラパゴスゾウガメ」）

「ガラパゴス島で独自に進化したら、甲羅と手足がガラケーになっていた。いつでも電話をかけられる」

- 地面を回転させたことで、急斜面の砂漠をゆっくり登っているようだ。先にはライバルのスマホウサギがいる？　しかし、カメは慌てることなく余裕の表情。

◉作品名「ピアニストの自分」

（小4／「将来の自分」より）

「バックに人や花や花びんを入れてみました。目立つところ（主人公）は、ふちどりしました。将来、本当になれればよいです」

- 水平のピアノと花瓶に対し、椅子や主人公が回転している。演奏の激しさが伝わってくる。背景の客席も回転。視線が集まっているようだ。音色のようにも見える。

79ページで紹介した想像画の地面を回転させてみた。斜面に見える。うさぎが帰る場面なのだろうか。「なぜ笑顔で帰るのだろう?」とお話を想像したくなる。

・ 回転の本当のねらい

やってみよう！ ☑

課題 「地面・家・木・人」を回転させてかきましょう。

「地面・家・木・人」それぞれに「回転」を加えて、ノートや余白などにかいてみましょう。先ほどと同様に、シンプルな絵で構いません。例えば、イメージ⑥のような絵ができるのではないでしょうか。

子どもに限らず、人は安定を好みます。水平・垂直が大好きです。ですから、少しでも傾くと、潜在意識が不安を覚えます。事故で背骨が曲がったり、自宅が地震で傾いたりすると、人はあっという間に体調を崩しますが、それと根は一緒です。

安定しているはずの対象物をあえて、いったん傾けてみましょう。絵の中の対象物が一方に傾いていれば、当然かき手は気持ちが悪くなります。そこで、その気持ち悪さを解消するために、別の対象物を逆向きに傾けて、バランスを取ろうという意識がかき手の中に働きます。

「回転」の真のねらいはそこにあります。垂直・水平で安定を保つのではなく、あえてその均衡を破ってみる。ヤジロベエをちょいと揺らしてみるようなイメージでしょうか。左右に振れることで、絵に動きや表情が生まれます。バランスを取ろうとする姿勢が最後には、よりいっそうの均衡を創り出すのです。

イメージ⑥

「回転」で安定を崩すことで、時が流れ出す。物語が生まれる。

基本アイデア⑥ 「アシンメトリー」

・アシンメトリーで不安定な流れや動きを生み出す

　左右を非対称にすることを「アシンメトリー」といいます。

　アシンメトリーによって、不安定な流れや動きを生み出すことが可能です。

　左右対称になっていることをシンメトリーと呼びますが、アシンメトリーはその反対です。

　人の潜在意識は水平・垂直と同様に、左右対称（シンメトリー）を好みます。

　そのほうが安定していると感じるからなのでしょう。

　また、82ページでも紹介したイメージ①のイラストも、家・木・人がそれぞれシンメトリーでできていたことにお気づきでしょうか。

　しかし、そこをあえて崩してみるのです。アシンメトリーによって、安定をいったん崩してみましょう（イメージ②）。

シンメトリー（左右対称）	アシンメトリー（左右非対称）
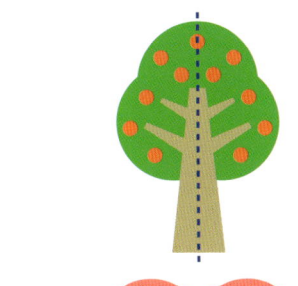	

「アシンメトリー」は、左右対称のものを左右非対称にすること。不安定な流れや動きを生み出すことができる。

イメージ①

→

イメージ②

アシンメトリーの効果① 不安定な流れや動きが生まれる。

シンメトリーをアシンメトリーにすることで、あえて「安定」を崩してみる。

左右対称（シンメトリー）ですぐに思いつくものといえば、チューリップですね。子どもがかく絵はもちろん、イラストでよく見るチューリップも美しいシンメトリーの形をしているはずです。左右で半分に折ると、きれいに重なります。

シンメトリーのチューリップ。

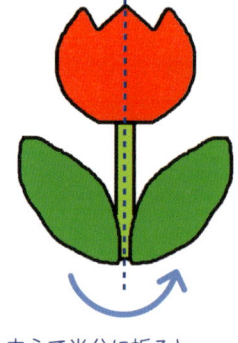
中心で半分に折ると……。

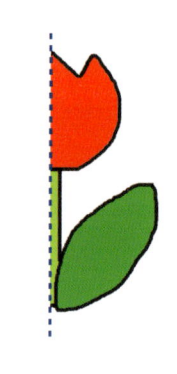
きれいに重なる。

では、このシンメトリーのチューリップを、アシンメトリー（左右非対称）のチューリップに変えてみましょう。

意外と難しいはずです。例えば、下のNG例は、アシンメトリーではありません。何度かかいて、練習しましょう。

やってみよう！

課題　「チューリップ」をアシンメトリーにしてみましょう。

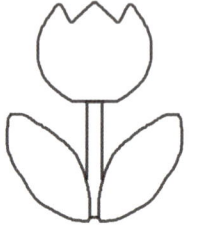
シンメトリーのチューリップ。　　　　　アシンメトリーのチューリップ。

NG例

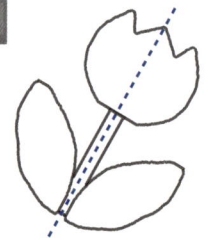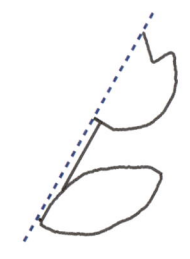
回転しただけでは……。　　　　　シンメトリーになってしまう。

アシンメトリーのチューリップの例

葉のみアシンメトリー。 　　葉と花がアシンメトリー。 　　葉と花、茎もアシンメトリー。

アシンメトリーの演習② 　いろいろなものをかいてみよう

次の絵（双葉・メガネ・コウモリ・クラゲ）もシンメトリーでかかれることが多いのではないでしょうか。これらをあえて、アシンメトリーでかいてみましょう。

双葉 　メガネ 　コウモリ 　クラゲ

やってみよう！ ▶ ☑

課題 「双葉・メガネ・コウモリ・クラゲ」をアシンメトリーでかきましょう。

アシンメトリーで不安定さを演出することにより、絵の中によりいっそうの安定を生み出すことが可能になります。いったんバランスを崩すことで、反対にバランスを取ることを狙っています。

アシンメトリーを意図して用いてみましょう。水平・垂直・左右対称の静止によるバランス感ある絵とは正反対の絵になります。それはまるで、綱渡りをしているような絵と表現したらいいでしょうか。すなわち、動きながら、揺れながらバランスを取っている絵です。みなさんもアシンメトリーを用いて、躍動感あふれる想像画を創ってみてください。

アシンメトリーの効果② 　動きのある安定が生まれる。

●作品名「トゲのある私」

（小6／「好きなもの×自分」より「バラ×自分」）

「バラは好きだけど、かいたことがなかった。花びらをかくのは難しかった。自分の顔をかくのは好きじゃないけど、肌や髪の色を変えて塗るので、意外とおもしろかった」

・目、眉毛、髪、首、胴体など、あらゆるパーツがアシンメトリーで構成されている。題名にあるとおり、ちょっとミステリアスな魅力のある作品となった。

●作品名 「じぶんのかお」

（小1／「似顔絵」）

・色画用紙とクレヨンを用いて、アシンメトリーを意識してかかせた。寄りかかり、助け合ってバランスを取っているようにも見える。

◉作品名「**カブキンリン**」（小2／「動物×植物」よ「カブトムシ×リンゴの木」）

「アシンメトリーを初めて知った。油断すると、すぐまっすぐ（シンメトリー）の線になる。でも、気づいたら直せばいいと思った」

「暗いところで光るリンゴもある」

- 下がきの跡がたくさん見つかる。何度もかき直したようだ。目、鼻、羽、脚、リンゴなど、随所にアシンメトリーを見ることができる。

◉作品名「わたしとおおかみ」(小3／「好きなもの×自分」より)

「秋田犬のモッチを飼っているので、モッチに似ているオオカミにしました。オオカミと私を似ているように
かくところを工夫しました」

「背景は、絵の具の濃さをだんだん薄くしていくところを頑張りました」

- 絶滅したはずのニホンオオカミとの奇跡的な出会い？　それとも別れ？　喜びと悲しみ、両方の表情を
見ることができます。オオカミは、女の子の頭上にいるのでしょうか、それとも後方にいるのでしょうか。

- アシンメトリーのオオカミと女の子を上下に配置し、尻尾とポニーテールを対にすることで、水面に映る
ような「上下シンメトリー」のバランスを見事につくり出しています。

基本アイデア⑦
「ふちどり」

・ふちどりで目立たせたいものを強調しよう

中央にある黄色の〇を黒で、左にある黒の〇を白で、右にある赤の〇を青でふちどった。焦点化され、ほかの〇よりも、目立って見える。

　線描を太く、濃くすることを「ふちどり（縁取り）」といいます。パソコンの操作でいうところの、「図形の枠線」です。

　主人公、目立たせたいもの、近くにあるものなどをふちどると、焦点化され、際だって見えます。

　また、隣り合う色が似ているなどして、両者の色がその個性を活かしきれていない場合にも効果的です。間に黒や白が入ることで、隣接する色がケンカすることなく、それぞれの色のもち味を発揮することができるからです。

<mark>ふちどりの効果①　焦点化され、目立つ。</mark>

「黒」のふちどりは最も一般的な方法です。対象物のうち、主人公や目立たせたいものを黒マジック（太）や黒のクレヨンでなぞります。

漫画の世界では、ふちどりは当然のように使う手法だそうです。プロの漫画家は、ペンや筆の種類を変えて、使用しているといいます。アメリカンコミックを読んでみると、黒のふちどりを多用していることがわかるはずです。

「回転」で紹介した想像画の手前のうさぎだけを太いマジックでふちどった。うさぎが際立つのがわかる。

やってみよう！ ☑

課題 「黒」でふちどってみましょう。

上のような絵があります。色を塗って仕上げたのですが、インパクトに欠けました。黒でふちどって、目立たせてみましょう。ふちどりが細い場合は、何度も往復して濃く、太くしましょう。

「黒」のふちどり例

双葉がはっきりした。

メインの花びらだけふちどった。

ふちどりの演習② 白のふちどり

白のふちどりを入れると、明るく、色鮮やかになり、模様や文字がくっきりする。大漁旗のようだ。

黒ではなく、白でふちどりをするのも、ひとつの手です。赤、青、黒など、濃い色が隣り合っているときに白でふちどりをすると、視認性が高くなり、美しく仕上がります。想像画において白のふちどりをする場合は、白のクレヨンや修正ペンがおすすめです。下に黒や紺などの濃い色があっても、上から塗り重ねることができるからです。濃く、太く、塗りつぶすようにふちどりをしましょう。

やってみよう！ ☑

課題 「白」でふちどってみましょう。

上のような絵があります。色を塗って仕上げたのですが、よく見えません。修正ペンなどを使い、白でふちどって、目立たせてみましょう。ふちどりが細い場合、何度も往復して濃く、太くしましょう。

間に白が入ることで、
コウモリが引き立つ。
背景も美しい。

先に紹介した作品。白のクレヨンでふちどりをしている。濃い色画用紙や、濃い色同士の間に白のふちどりを入れると美しく映える。

　一般的に、明るい色（オレンジ色・黄色など）同士が隣接する場合は黒を、暗い色（黒・紺・焦げ茶など）同士が隣接する場合は白を間に入れると、それぞれの色がより目立つようになります。

ふちどりの効果② 隣接する色が映える。

　何でも手当たり次第「ふちどり」をすればいい、というものではありません。好みに応じて、自由に使ってみてください。
　また使う色も、黒や白でなければいけないわけではありません。灰色、青、黄色など、好みに応じて使いわけてもおもしろい想像画ができるでしょう。

灰色のふちどり。下がきの灰色クレヨンをあとから太くなぞった。灰色は主張し過ぎないのが特徴。結果として、アサガオの淡い花の色が引き立つ。

目立たせたい胴体と前脚のハサミ、おにぎりだけをふちどっている（その他の脚はそのまま）。自然とふちどり部分に注目が集まる。

ふちどりによる作品の具体例

●クラス大漁旗「大好き三崎」
- 中央は、フナムシとダンゴムシのキャラクター。子どもたちと一緒にキャラクターデザインを考え、彩色などを行った。
- 「大漁旗」を模した絵画。学習発表会、卒業式などで掲示した。
- 大漁旗は、色と色の間に、原則として白のふちどりを入れるのが特徴（実際の大漁旗は隣接箇所を塗らずに白く残す）。白のふちどりによって、海上でもよく目立つようになる。上の絵は、色を塗ったあと、白のポスターカラーでふちどりを入れた。

●クラス大漁旗「三崎ばんざ〜い♪」
- 同じく、クラス大漁旗。運動会などに使用した。子どもの原画を持ち寄って作成。

● 作品名
「コックさんのぼく」
（小5／「将来なりたい職業」より）
「右手にはフライ返し、左手には
フライパン。ピーマンをいためて
いるところ」
「家で家族に料理を作っている。
みんなが美味しいと言ってくれ
るのがうれしい。将来はフランス
料理のコックになりたい」

・黒のクレヨンで、大胆にふち
どり。個性輝く絵に仕上がっ
た。使用した色画用紙はとき
色だったが、絵の具で黄緑に
塗っていた。白のコックコート
がよく映える。

● 作品名「暗黒夜（ダークナイト）」（小1／「ふしぎな魚『うみもん』」より）
「真っ暗なトンネルに棲む。天敵のザトウクジラに襲われると必殺技を出す。必殺技はハートアタック」

・黒や赤のふちどりがあるように見えます。実際は赤の色画用紙を切って貼り、その上から青のクレヨンを
塗っています。ハートのウロコもキュート。コントラストが美しい作品です。

その他のアイデア

7つの基本アイデアを使って想像画をかいたけれど、もう少し工夫してみたい！　そんなときは、この章で紹介するその他のアイデアも取り入れてみましょう。2章で紹介した7つの基本アイデアをベースに、＋αで使えるアイデアを紹介します。

その他のアイデア

素材のかけ算①
「動物×植物」

「ライオン×ひまわり」を想像してみよう

　子どもの想像力を刺激するためにおすすめなのが、「素材のかけ算」です。

　中でも「動物×植物」は、最も扱いやすい想像画の題材例です。理由として、次のようなことが挙げられます。

① 「想像」を簡単に体験できる。

② 「創造」をすぐに体感できる。

③ 自由度が高い。

④ 誰でも手軽にできる。

⑤ 特別な事前準備が不要。

　「動物×植物」は、想像体験が比較的容易です。動物と植物をかけ合わせるということは、現実世界ではおそらく実現が限りなくゼロに近いことでしょう（将来、どうなるかはわかりませんが）。しかし、頭の中では想像することはいくらでもできるはずです。

　例えば、「ライオン」と「ひまわり」を想像してみましょう。次に「ライオン」と「ひまわり」を頭の中でかけ合わせてみてください。さて、どんないきものが生まれましたか？

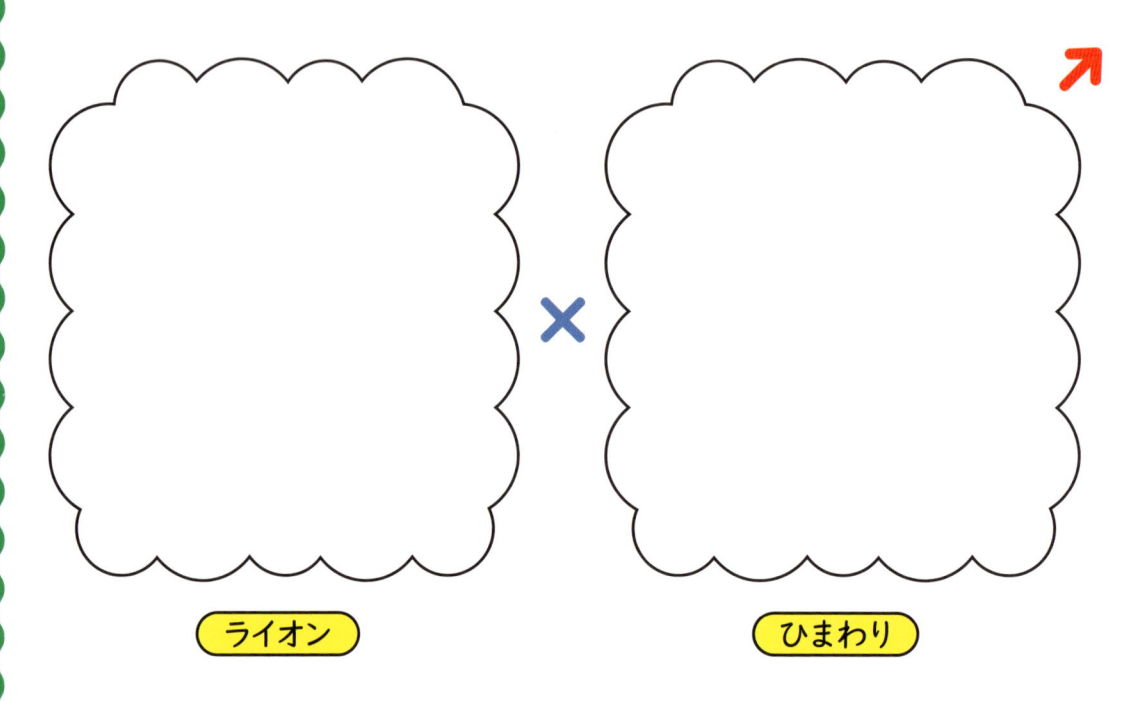

ライオン × ひまわり

?

これが、想像体験です。具現化されていないものを画用紙にかけるかどうかは、少し不安かもしれません。けれども、想像自体は簡単にできるはずです。

もちろん、すぐに思いつくとは限りません。「ああでもない。こうでもない。これをこうしてみると……」などと悩むこともあるでしょう。でも、試行錯誤するうちに、いいアイデアが思いつくこともあります。試行錯誤できるのも「想像」の楽しさであり、魅力でもあります。

素材のかけ算で「創造」を体感できる

新しいものを創り出す、クリエイトの「創造」は、一般的に難しいことだと言われています。これまでにないものを自ら創り出すのですから。

しかし、題材「動物×植物」は、既存のものをかけ合わせるだけで、新しいものを創り出すことが可能です。すぐに体感できます。

例えば、頭の中で想像した「ひまわり×ライオン」を前述の空欄やノートなどにかいて、具現化してみてください。簡単なイラストで構いません。

やってみよう！ ▶ ☑

課題 「ライオン×ひまわり」を実際にかいてみましょう。

「ライオン」と「ひまわり」。誰もがよく知っている動物と植物であっても、それらを組み合わせると、新しいいきもの、新しい価値が生まれます。これが「創造」です。無やゼロから創り出すのは難しいことですが、既存のものの組み合わせであっても、その組み合わせのアイデア次第で、新しい価値を生み出すことできるのです。

自由度が高く、さまざまな想像ができる

題材「動物×植物」に、決まりや正解はありません。大変自由度の高い題材です。例えば、先の「ライオン×ひまわり」ひとつを取ってみても、いろんなアイデアが考えられるでしょう。

動物メイン「ひまわりのようなライオン」の例

ひまわりのような、たてがみが
ついているライオン。

しっぽがひまわりのライオン。

ひまわり模様のライオン。

植物メイン「ライオンのようなひまわり」の例

種がつまった部分が、
ライオンの頭部になっ
たひまわり。

頭部のほかに、脚やしっ
ぽのあるひまわり。

ライオンのようなポーズをとるひまわり。

「ライオン×ひまわり」はあくまで一例です。ほかの動物、植物であっても構いません。「動物×植物」はどちらがメインになってもおもしろい、自由な題材です。

誰でも手軽にかけるのもポイントです。

準備が不要で誰でもかける

　動物と植物について、知らない、見たことがない、絵をかいたことが一度もないという人は、おそらくいないのではないでしょうか。動物園の動物、人気の昆虫、絵本に出てくる小動物。飼っているペット。生活科や理科で観察した植物。大好きな果物。庭で育てているお花。水やりをした畑の野菜。誰もが生活経験として、あるいは知識として、親しみを感じている動物や植物があるはずです。「動物×植物」は、そんな親しみあるいきものが素材なので、手軽に始めることができるでしょう。

　また、「動物×植物」は、頭の中で想像した動物や植物を具現化するだけですから、特別な事前準備が不要です。図鑑やインターネットなどを見る必要がありません（もちろん、見ながらかく方法もあります）。

　なお、鉱物（岩石、宝石、化石など）、家電（冷蔵庫、洗濯機、掃除機など）、乗り物（乗用車、トラック、重機、電車、飛行機、船など）などの動植物以外のものは、参考となる写真や図鑑がそばにないとイメージそのものが難しく、かくのが難しい場合があります。

「動物×植物」指導例

❶ 準備物

◎**色画用紙**（できれば地味な色）　　◎**クレヨン、絵の具、カラーペンなど**

◎**図鑑や写真**（参考にしてもいい。事前に家から持ってきたり、学校の図書室で借りてきたりする）

❷ 指導時間（3〜4時間程度）

◎**1時間目**：7つの基本アイデアのうち、②「灰色のクレヨン」〜⑥「アシンメトリー」までの演習

◎**2時間目**：アイデアスケッチと灰色クレヨンの線描

◎**3・4時間目**：色塗りと仕上げ（⑦「ふちどり」のアイデアの演習を含む）

※1時間目は指導済みならば省略可。

❸ 指導・声かけ例

まだ間に合う！ 事前の声かけ例

今日は、「動物×植物」の想像画をかきます。想像画ですが、いつものように、下品な絵や残酷な絵はダメですよ。友達の絵や図鑑の絵を参考にしても構いませんが、そっくりマネするのはやめましょうね。

「動物×植物」は、「動物＋植物」ではありません。例えば、ライオンをかいて、その横にひまわりをかくのではありません。両方を合体させる、ということです。

動物は、ほ乳類に限りません。昆虫や恐竜も動物です。サンゴは動物か、それとも植物かって？　それは、みんなにお任せします。果物や野菜も、もちろん植物。ワカメや昆布も植物です。

【 しまった！ でも大丈夫！ 事後の指導例 】

ここ、もっと引き伸ばしてみようか。タテヨコ3倍くらいでどう？

この（脚、尾、蔓、葉など）部分、画用紙からはみ出してみれば？

ここをアシンメトリーにすると、もっとおもしろいよ。

❹ 評価例

●「動物×植物」がかけ合わさっているか（動物＋植物ではなく、動物×植物になっているか）。

●トリミングや回転、アシンメトリーを必ずひとつは使いましょうと指導した場合、そのいずれかを用いているか（指導と評価の一体化）。

「動物×植物」作品の具体例

◉作品名「**タケアシガニ**」（小3／「動物×植物」より）

「昨日、夕飯でカニを食べたからカニをかこうと決めた。カニの足が竹に似ているので合体させた。体はタケノコ。さるかに合戦みたいに、梅干しおにぎりを持たせた」

・「かに×竹・タケノコ」。最初のスケッチでは、枠内に収まる足だったが、長く引き伸ばし、戻ってくるようにかいていた。題名はあとから考えた。タケノコは、図鑑を見て。

再掲

◉作品名「**クッパ**」

（小5／「動物×植物」より
「ライオン×さくらんぼ」）

・たてがみに「さくらんぼ」とは、筆者は想像できなかった。子どもの創造力と想像力に脱帽した作品。

素材のかけ算②
「動物（植物）×モノ」

「動物（植物）×学校にあるモノ」を題材にする

　動物や植物と身近にあるモノをかけ合わせるのも、定番の題材例です。

　動物・植物以外で子どもたちの身近なものといえば、毎日通っている「学校」にあるモノでしょう。

　例えば、文房具は道具箱や引き出しの中にあり、すぐ見て、すぐ手に取ることができます。手にとって、あれこれ触ったり、話し合ったりしながら、想像をふくらませることが可能です。

　学校にあるモノは、間近に見たり、手に取ったりできるのが特徴です。各家庭に写真やイラストの持参依頼をするのが難しい場合は、この題材を選ぶといいでしょう。

　学校で使用する文房具には、鉛筆や消しゴム、定規、三角定規、分度器、コンパス、色鉛筆（クーピー）、クレヨン（クレパス）、そろばん、習字セットとその中身、裁縫セットとその中身などがあります。

　ほかにも、教材室から算数教具、理科室から一部の安全な理科実験道具を借りてくるのもいいですね。

「動物（植物）×学校のモノ」題材例

- 動物（植物）×文房具
- 動物（植物）×遊具
- 動物（植物）×雨の日の遊び道具
- 動物（植物）×そうじ用具
- 動物（植物）×教室にあるモノ
- 動物（植物）×算数教具
- 動物（植物）×生活科室のモノ
- 動物（植物）×教材室のモノ
- 動物（植物）×理科室のモノ
- 動物（植物）×理科実験道具
- 動物（植物）×体育倉庫（体育館）のモノ
- 動物（植物）×体育倉庫（校庭）のモノ
- 動物（植物）×家庭科室のモノ
- 動物（植物）×図工室のモノ
- 動物（植物）×音楽室のモノ
- 動物（植物）×PCルームのモノ
- 動物（植物）×視聴覚室のモノ
- 動物（植物）×放送室のモノ
- 動物（植物）×昔の道具（資料室にあるモノ）

「動物（植物）×学校のモノ」作品の具体例

◉作品名「マルエーン」

（小3／「動物×文房具」より
「フラミンゴ×コンパス」）

「足を使って円をかくのが得意。コンパスを使うことは決めていた。コンパスがツルの足に似ているので、ツルの足をコンパスにしようと思いついた。コンパスが赤だったので、ツルではなく、赤い足のフラミンゴに変えた」

- 羽、水面などに、実際にコンパスを使ってかいているのがおもしろい。踊るように円をかく「マルエーン」。回転やアシンメトリーが表情や動きを演出している。

「動物（植物）×学校外のモノ」を題材にする

　子どもの想像力を刺激するためには、子ども自身が「かきたい」と思ったモノを題材にすることも大切です。

　しかし、子どもがかきたいものが、学校にあるとは限りません。その場合は家庭に協力をお願いしながら、「モノ」を実際に持ってきてもらったり、参考となるイラストや写真などを持参してもらったりする必要があります。

　子どもの「かきたい」という思いを最大限に尊重して組み合わせを考えてみましょう。

「動物（植物）×学校外のモノ」作品の具体例

 再掲

◉作品名「もしもしかめよ」

（小1／「動物×IT機器」より「ガラケー×ガラパゴスゾウガメ」）

- 実際に使わなくなったガラケーを持参し、参考にした。

「動物（植物）×学校外のモノ」題材例

- 動物（植物）×鉱物・岩石・化石
- 動物（植物）×宝石
- 動物（植物）×機械
- 動物（植物）×乗用車
- 動物（植物）×はたらく車
- 動物（植物）×消防車
- 動物（植物）×トラック
- 動物（植物）×バス
- 動物（植物）×電車
- 動物（植物）×重機
- 動物（植物）×IT機器
- 動物（植物）×家電
- 動物（植物）×料理
- 動物（植物）×お菓子
- 動物（植物）×ケーキ
- 動物（植物）×台所のモノ
- 動物（植物）×庭のモノ
- 動物（植物）×お風呂のモノ
- 動物（植物）×洗面所のモノ

「動物（植物）×学校外のモノ」作品の具体例

◉作品名「**クリスタル・シーラカンス**」（小4／「動物×鉱物」より「魚×鉱物」）

「5000 m超の深海に住む。好きな食べ物は、クリスタル、アメジスト。弱点は光らないもの、自分より固い生き物。立体をやってみた。難しかったけど、できたらなかなかいい絵になった」

- 光り輝く鉱物のウロコを全身にまとう、美しい硬骨魚。一度画面から出て、尾ひれの先が覗いている体のひねりが秀逸。もう一度見ると、動きが変わっているのではと思うほど。古代生き物の図鑑を参考にした。

◉作品名「ゾウクロー」（小2／「動物×はたらく車」より「ゾウ×タンク」）

「鼻から水の玉を発射する。食べた葉っぱも発射できる」

「マリオのタンクローを参考にしました。鼻の穴のギザギザが気に入っています」

- ゾウとタンク（戦車）のコラボ作品ですが、おもしろいのは、何と言っても「ゾウの鼻」でしょう。「ねえ、見て見て」と、こちらに鼻の穴をアピールしているようにも見えます。「引き伸ばし」の魅力を生かしきった楽しい作品です。

第3章

素材のかけ算③
「〇〇×パンダ模様」

模様をかけ合わせることで新しいものを創造する

動物やモノに「模様」をかけ合わせるのもおもしろい試みです。

例えば、愛くるしいパンダ。なぜパンダはあんなにもかわいいのでしょうか。理由はその模様にあるかもしれません。

だったら、その模様をほかの動物などにも生かしてみてはいかがでしょうか。

パンダの模様には特徴、決まりがあります。

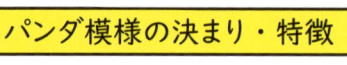

パンダ模様の決まり・特徴

①白と黒の2色。

②白地に黒（黒地に白という説もあり）。

③黒の場所は、目のまわり、耳、鼻、胸肩まわりと前脚、後ろ脚。

この決まりに従って、ほかの動物にも

パンダ模様をつけてみましょう。

やってみよう！ ▶ ☑

課題 ゾウと恐竜に、パンダ模様をつけてみましょう。

例えば、次ページのようなイメージです。なんとも情けないような……いや、愛くるしい姿になりましたね。

パンダ模様を「想像」して、新しいいきものを「創造」することができました。

このように、動物にパンダ模様をつけ

てみるのはいかがでしょうか。

　もちろん、動物以外でも構いませんが、顔の一部や両脚などを黒くするので、顔や脚にあたる部分がない動物以外のものでは、難しい面も出てきそうです。

　しかし、想像画ですので、絶対ダメということはありません。あえて試してみるのもおもしろいでしょう。

　このほかにも、いろいろな模様の組み合わせを考えてみてください。

「ゾウ×パンダ模様」「恐竜×パンダ模様」の例

「〇〇×パンダ模様」作品の具体例

◉作品名「パパパンダゴリラ」（30代女性／「〇〇×パンダ」より「ゴリラ×パンダ×父」）

「絵は大の苦手。パンダ×ゴリラでかいていたら、なぜか父に似てしまったので、それもミックスした。メガネをかけさせた。笹をくわえているのは、ヘビースモーカーだった頃のなごり。意外とおもしろかった。写真に撮って母に見せたら大爆笑だった」

- 何をかくか、どんな絵になるか、決まっていなくとも構いません。トライアンドエラーで、とりあえず何かしらかいてみる。かいているうちに、あれこれアイデアが思い浮かぶ。みるみる創造的（クリエイティブ）な自分になっている。そんな側面も想像画の魅力です。

◉作品名「パンバット」（小3／「○○×パンダ」より「コウモリ×パンダ」）

「黒の画用紙しかなかったので、夜とか暗いところが思い浮かび、コウモリにしようと思った。塗るのが大変だった。白クレヨンがほとんどなくなった。本当にいそうな気がしてきた」

・吸血鬼、ドラキュラのモデルとされ、恐れられているコウモリとパンダのギャップがまず素晴らしい。逆さで宙づりになっているところもおもしろい。白黒のコントラストと黄色い月が美しい。いい題材を提供できたとうれしくなる。

類似の題材例　「動物（植物）×○○模様」

- 動物（植物）×シマウマ（縞模様）
- 動物（植物）×ヒョウ（ヒョウ柄）
- 動物（植物）×虎（虎柄）
- 動物（植物）×ダルメシアン（斑模様）
- 動物（植物）×テントウムシ（斑模様）
- 動物（植物）×グリーンピースごはん模様
- 動物（植物）×サンタ模様
- 動物（植物）×チョコミント模様
- 動物（植物）×スイカ模様

（例）　○○　×　テントウムシ模様　→　？

（例）　○○　×　グリーンピースごはん模様　→　？

（例）

| ○○ | × | サンタ模様 | → | ？ |

（例）

| ○○ | × | チョコミント模様 | → | ？ |

「動物（植物）×スイカ模様」作品の具体例

◉作品名「**スイマジロの熱中症対策**」（小4／「動物×スイカ模様」より「アルマジロ×スイカ模様」）

「スイカを盗み食いする悪党アルマジロ。人間に見つかると、塩をかけてきたり、種を口から飛ばしたりして逃げる。暑さに弱い。特技は、擬態、シードタイフーン、転がり逃げ」

• 敵に襲われると、ダンゴムシのように丸くなるほ乳類、アルマジロ。スイマジロは、スイカに化けて、悪さをするようですね。スイマジロという音の響きもやんちゃな感じがします。深緑の色画用紙をうまく利用しています。赤との補色が美しいです。

素材のかけ算④ 「自分×好きなもの」

自分と好きなもののコラボで自己肯定感もアップ

　自分の顔と、好きなものをかけ合わせてみるのもおもしろい題材になります。大好きなものと自分自身のコラボで、自己肯定感が向上すること間違いなしです。

　好きなものは何でも構いません。好きなおもちゃ、好きなゲーム、好きな動物、好きな植物、好きな野菜、好きな果物、好きな人形、好きなスポーツ、好きな遊び……基本的に何でも OK です。自由に想像力がふくらむはずです。

　大好きなものが自分とコラボするのですから、その時点で、世界でたったひとつ。自分だけの創造的な作品になります。

「自分×好きなもの」作品の具体例

◉作品名「かめかめん」

（小1／「自分×好きなもの」より）

「カメが好きなので、頭にのせた。手もカメの手にした。甲羅を着て、ノコノコ（ゲームのキャラクター）みたいにした。頭にカメを乗せるのが、むちゃくちゃ苦労した」

• ヘルメットのように、イシガメを頭から被せています。イシガメは、仮面なのでしょうか、それとも生きているカメなのでしょうか。前脚を伸ばして、獲物を狙っているような姿勢です。今にも動き出しそうですね。

◉作品名

「まっちゃのぼく」

（小4／「自分×好きなもの」より）

「抹茶アイスが大好きです。それにあんこ、きなこ、白玉、さくらんぼをトッピングしました。シャツはコーンか、もなかをイメージしています。顔は大好きなもちの白にしました。よだれをたらしてみたけど、下品なので消して、代わりに黒みつを頭からたらしました。おもしろくて、夢中になってかきました」

• 和スイーツと自分をかけ合わせたおもしろい作品です。地味な緑色（抹茶色？）の色画用紙をよく生かしています。服をコーンに見立てたり、白いもちのような頬が赤みを帯びていたり、お抹茶・あずき・きなこがかかっていたりと、とにかく芸が細かい。将来は繊細な和菓子職人になれるかもしれません。

再掲

◉作品名 「トゲのある私」

（小6／「自分×好きなもの」より「バラ×自分」）

• 高学年になると、通常の自画像をかくことに抵抗をもつ子どもも出てきます。しかし、「自分×好きなもの」は想像画であって、リアルにかく必要はありません。高学年でも抵抗なく、楽しんで取り組むことができます。

第3章

おすすめの素材例①
「宇宙のいきもの」

指導の工夫① 地球外のいきものだとわかるようにかく

　地球外のいきものは、どんな姿をしているのでしょうか。誰も見たことがありませんから、想像してかくよりほかありません。それだけに、正解なんてナシ。「これは違う」「似ていない」と言われる心配も不要。自由に楽しくかくことができます。宇宙のいきものを創造してみましょう。

　宇宙のいきものをかくときは、ひと目見て、宇宙人であるとか、地球にはいないいきものだとわかるようにするとよい

でしょう。月や火星に住んでいるからといって、ウサギやクラゲの絵をそのままかいても、ただのウサギの絵、ただのクラゲの絵になってしまいます。

　宇宙のウサギをかくならば、例えば、地球のウサギより耳がもっと長くて大きいとか、羽が生えているとか、おもしろい模様がついているとか、そんな違いをはっきりとかくと、地球外のいきものであることが見る側にも伝わります。

「宇宙のいきもの」作品の具体例

●作品名「ツルのシロ」
(小4／「動物×宇宙（月）」より)

「月にすんでいる伝説のツル（♀）。尾がとっても長い。好物は、月に生えている草。天敵は月のライオン。口ぐせは『〜ですわ』。色とりどりで、きれいにできた！」

• 地球のツルは赤い頭がトレードマークですが、月のツルは目のまわりが赤いのが特徴。太い眉毛やハート型のほほもチャーミングです。牛のような黒ブチ模様、長い長い龍のような尾と、伝説のツルらしさが出ています。想像のいきものを創り出す楽しさと喜びが作品から伝わってきます。

◉作品名「**タコナーガ**」（小3／「宇宙のいきもの」より）

「小惑星にすむ謎のタコ。足が超長い。目は3つ。隕石のかけらを食べる。宇宙だとわかるように、宇宙ステーションをかいた。はみ出て戻ってくるような足をたくさんかいた」

- 火星に住む宇宙人は、タコやクラゲのような姿をしている。みなさんも、そんな想像をしたことがあるのではないでしょうか。「王道」の宇宙人を、カラフルでミステリアスに、迫力ある構図でかきました。「おい、見ろ！　宇宙人はやっぱりタコみたいだったぞ！」「しかし、なんて美しい色なんだ」。そんな宇宙飛行士の声が聞こえてきそうです。

指導の工夫②　宇宙や地球外だとわかる背景を入れる

　ひと目見て「ここは地球ではない」とわかるようなものを背景に入れるのも、工夫のひとつです。

　例えば、「ナメック星」の話をします。ドラゴンボールという漫画やアニメに出てくる星です。その星は、空や海が青ではなくて、緑色をしています。反対に、草や木の葉っぱが青色をしています。主人公たちはナメック星を訪れるのですが、空や草木の色が違うので、「ああ、ここは地球ではないのだな」ということが読者や視聴者にはっきりと伝わります。

　明らかに地球にはないもの、例えば、宇宙船や人工衛星、UFO などを背景にかいてみると、宇宙であることがよく伝わるのではないでしょうか。

「宇宙のいきもの」作品の具体例

 再掲

◉作品名「**はちたろう**」

（小2／「宇宙のいきもの」より）

- 背景にUFOをかくことで、地球外であることを表現している。

第3章

おすすめの素材例②「おばけ・妖怪・モンスター」

指導の工夫① 人物の代わりに登場させる

おばけや妖怪、モンスターなども想像画にぴったりの素材です。実在しない、空想の世界の存在（いや、「いる！」という意見もあるかも？）ですから、正解がありません。魅力的なおばけを創り出してみましょう。

人物（人間）をかくのは、「失敗したらどうしよう」「似ていなかったらどうしよう」など、誰でも少し緊張するものです。そのため、かかれた絵の人物も少し緊張したような表情になってしまうことがあります。

そんなときは、人物の代わりにおばけとかドクロをかくのはどうでしょうか。おそらく、あまり緊張しないはずです。

例えば、日光への修学旅行や、京都観光などの絵も、自分の代わりにおばけやドクロを登場させると、一気におもしろくなります。面倒くさがりの子どもも、すすんでかくようになるでしょう。

指導の工夫② 「怖くない」おばけ・妖怪・モンスターにする

ドラクエ、ポケモン、妖怪ウォッチなど、これらに出てくるモンスターやおばけ、妖怪たちは子どもたちに大人気です。人気の理由は、そこに「かっこいい」「かわいい」「強そう」といった魅力があるからです。

また、「怖くない」こともポイントだそうです。本当に怖いと、見ていて嫌になる人が出てきます。「怖くない」魅力的なおばけをかいてみましょう。

「おばけ・妖怪・モンスター」の題材例

- 「こわくないおばけ」
- 「妖怪ですが、何か用かい？」
- 「ミラクル・モンスター」
- 「ふしぎな怪獣」
- 「おばけと観光」
- 「モンスター・キャンプ」
- 「〇年〇組オリジナル・モンスター」

「おばけ・妖怪・モンスター」作品の具体例

第3章 その他のアイデア

●作品名
「おしゃれこうべ」

（小6／「おばけ・妖怪・モンスター」より「ドクロ×自分×神戸」）

「オシャレが大好きなドクロ。神戸ポートタワーの帽子をかぶせた。異人館で楽しそうにソフトクリームを食べている。自分自身の絵をかくのは苦手だけど、ドクロなので安心してかけた」

- 絵をかくのは「大の苦手」と言っていたが、実に楽しそうな絵になった。かもめの飛ぶ青い空。橋のような虹。綿菓子のような雲。黄色い服も明るい。「アシンメトリー」をふんだんに取り入れた。神戸でのおしゃれを楽しむしゃれこうべのうれしそうな表情がよく伝わってくる。

●作品名
「ふしぎな魚『うみもん』」

（小1／「おばけ・妖怪・モンスター」より）

- 校内で流行っていた「うみもんカード」（海のモンスターのカード）をヒントに、子どもたちが自ら「うみもん」を考えた。強いうみもん、可愛いうみもんなど、個性がいっぱいだ。

第**3**章

おすすめの題材例
「将来の自分」

指導の工夫 職業がわかるようにかく

「将来の自分」は、どんな職業に就き、どんな仕事をしたいのか。また、その職業を通じて、どうありたいのか。そんなことを問う想像画です。

ポイントは、ひと目見て、何の職業かわかるようにかくことです。

例えば、学校の先生は、ネクタイ姿やジャージ姿をかくだけでは職業までわかりません。そこに加えて背景に黒板とチョークなどをかくことで、初めて先生だとわかるようになります。

また、子どもたちには「今の自分ではなく、将来、大人になった自分」をかくことを強調しましょう。

まだ間に合う! 事前の声かけ例

今日は、絵の中に自分をかきましょう。ただし、今の自分ではなくて、将来の自分です。大人になったときの自分。だから、今よりもうんと大きくなったと思って、手足を長くしましょう。制服を着せたり、お化粧させたりしてもいいですね。

「将来の自分」作品の具体例

◉作品名「弁護士になったぼく」（小3／「将来の自分」より）

「逆転裁判というゲームをやっておもしろかったので、弁護士になりたいと思いました。裁判所の絵は難しいのであきらめて、弁護士バッチと六法全書をかきました。絵をかいたら、本当に弁護士になりたいと思いました」

• 切れ味鋭い、迫力ある絵になりました。背景の赤の斜線がスピード感を出しています。人物だけでは、ひと目で弁護士とはわかりません。しかし、加えて弁護士バッチと六法全書をバックに大きくかいているため、「ああ弁護士なんだ」とわかります。職業の伝え方が上手だと感じました。

再掲

◉作品名「ピアニストの自分」

（小4／「将来の自分」より）

• 「大人の自分だから、ネックレスやブレスレットをつけてもいいんじゃない？」とアドバイスしました。すると、「ピアニストだから、腕につけると引っかかっちゃうと思う」とネックレスと髪飾りをつけていました。

◉作品名「どうぶつえんのしいくいんさん」（小1／「将来の自分」より）

「動物が好きなので、ペットショップの店員さんか、動物園の飼育員さんになりたいと思ってかいた。大人になった自分は初めてかいたので、おもしろかった」

• 飼育員さんは長靴を履いていることが多いので、「靴ではなく、長靴にすれば？」と提案しました。足は、画面からはみ出るくらい長く引き伸ばしています。長い首をのぞかせるキリンは、ウサギやカメのえさに興味があるように見えます。

第3章

困ったときのアイデア①
「角・羽・しっぽ」をつける

「つけ足す」ことで想像上のいきものにする

「アイデアがどうしても浮かばない」
「何をかけばいいかわからない」

　想像上の動物や植物、あるいは人物をかかせたいけれども、こんなふうに子どもが困っているのを見て、こちらまで困ってしまうことがあります。そんなときは、子どもの想像力を引き出すいくつかの手法を試してみましょう。

　ここからは、想像画のヒントになるアイデアを紹介していきます。

　まず一つ目は、角や羽、しっぽをつけてみることです。それだけで、一気に想像上のいきものっぽくなります。

　単純に角や羽といっても、子どもたちにイメージが湧かない場合は、黒板に次のようなイラストをかいてもよいでしょう（チョークで色を塗る必要はありません）。

イメージ①　角、牙、大アゴなど。

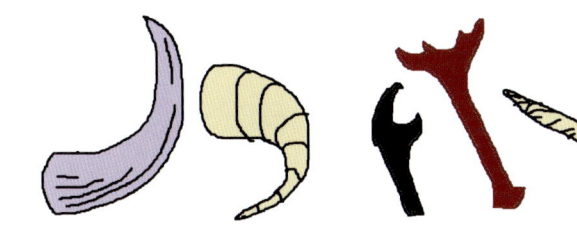

イメージ②　羽、羽根、翼など。

イメージ③　しっぽ、尾、尾ヒレなど。

イメージ④　枝、ツル、茎、葉など。

伝説のいきものたちに共通するもの

　古今東西の想像上のいきものとしては、龍や麒麟、ペガサスやキマイラなどが有名でしょう。想像上のいきものですので、実在の動物にはない特徴があります。それは、空を飛ぶための翼や羽、敵を倒したり、威嚇したりするための角や尾などがついていることです。つまり、基本（ベース）となる動物などに翼や角がつければ、伝説のいきもののようになるのです。

「伝説のいきもの」特徴の例

- 龍 ➡ ベース「蛇」＋角・髭・脚
- 麒麟 ➡ ベース「鹿」＋頭「龍」・翼
- 鳳凰 ➡ ベース「鶏」＋頭「蛇」・背「亀」・足「鶴」・尾「孔雀」
- 玄武 ➡ ベース「亀」＋尾「蛇」
- ドラゴン ➡ ベース「蜥蜴」＋羽・角
- ペガサス ➡ ベース「馬」＋羽
- ユニコーン ➡ ベース「馬」＋角
- キマイラ ➡ ベース「山羊」＋頭「ライオン」・尾「蛇」

※いずれも諸説あります。

「角・羽・しっぽ」をつけた作品の具体例

●作品名「どくへびのダーク♂」(小1／「伝説のいきもの」より)

「アメリカの2丁目に住む。好きな食べ物は水草。弱点はこちょこちょ。口ぐせは『おいら』『〜だぜ』。今までで、いちばん上手にかけました」

- 下がきのときは、蛇の絵をかき、「ハイできた。終わり」と言っていた。しかし、途中から「羽」をつけることを思いついた。その後、羽の色や模様に合わせて、大きな目の色や模様を工夫した。毒蛇には毒々しい派手な模様がつきものだが、それを胴体ではなく、羽と目玉で表現したところが秀逸。

再掲

●作品名「ツルのシロ」

(小4／「動物×宇宙(月)」より)

- ベースは鶴。蛇や龍のような長い尾をつけ、乳牛のような模様が入っている。

困ったときのアイデア②
「風林火山」をかき加える

「風林火山」で非日常感を演出する

ベースとなる想像上の動物や植物は決まっているけれども、その先どうしたらいいかわからないという子どもには、次のようなアドバイスはいかがでしょうか。

まだ間に合う! 事前の声かけ例

「風林火山」という言葉を聞いたことがありますか？　（戦国大名の武田信玄がどうとか、古代中国の兵法がこうとか、難しい話はさておき）「戦いのときは状況に応じて、風のように速く、林のように静かに、火のように激しく、山のように動じない」という教えです。想像画でも、困ったときは「風林火山」をかき加えてみると、かっこいい絵になりますよ。

「火」の例。大きく激しい炎でダイナミックさを演出。色を変えてもおもしろい。
色の意味は深く考えず、好みや直感で変えていい。

文字どおり、「風林火山」をかき加えるだけです。「火は赤」などの思い込みにとらわれず、いろいろな色でかいてみるのもおもしろいでしょう。

「風林火山」作品の具体例

◉作品名「**サラマンダー**」（小1／「風林火山」より「サンショウウオ×炎×森」）

「ゲームでサラマンダーというモンスターが出てくる。炎に包まれた龍みたいなやつ。オレのサラマンダーは炎を吐く。緑は森。サラマンダーは森の中に潜んでいる」

「図鑑『両生類・爬虫類』のサンショウウオを見ながら。サンショウウオに角とや牙や羽をつけた。しっぽはライオンヘッド（ゲームのモンスター）のものをつけた」

- 炎に身を包んだ伝説の精霊サラマンダー。トカゲ（爬虫類）のような姿をしているが、子ども曰く、サンショウウオ（両生類）らしい。サラマンダーをかきたかったから、赤系の色画用紙を選んだという。よく見ると、角、羽、手足がついている。その子のオリジナルのサラマンダーだ。
- 赤と緑の補色関係が美しい。色画用紙を用いると、子どもはどういうわけか、その色の補色を使用することが多い。

イメージ

◉作品名
「**ボルケーノ・シャーク**」

- 「ホホジロザメ×猛毒×火山」。凶暴な鮫をイメージした。

困ったときのアイデア③
「自然現象」の要素を加える

「五行」の要素を取り入れてみる

ヒントはほかにもあります。雨、雪、雷、火山の噴火、風、雲、光などの「自然現象」です。自然現象は、どんなものでもヒントになります。

例えば、「木火土金水（もくかどごんすい）」。これは「五行」といって、「あらゆるものは、この5つからできている」という考え方です。

「木火土金水」の捉え方は自由です。例えば、金は「金属」で、銀やアルミなどがあります。水は、氷や雪などです。

この「木火土金水」をかけ合わせたり、背景に使ったりすると、いろいろなアイデアが浮かびます。要素をミックスして使うのもおもしろいでしょう。

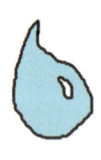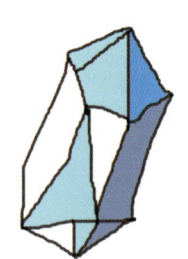

「水」の例。水、氷、雪の模様など。あくまでも個人のイメージのため、大きさや形は自由。色も自由に変えてよい。

「ポケモン」からアイデアを連想する

子どもたちに人気の「ポケモン」も、自然現象の要素がふんだんに取り入れられたキャラクターです。

例えば、「ピカチュウ」は「でんきねずみポケモン」で、ネズミと電気（雷）をミックスしたような姿をしています。また、「ヒトカゲ」はトカゲと火（炎）をかけ合わせたような姿です。

このように、ポケモンには動物や植物と、自然現象や自然界にあるものをかけ合わせたような姿をしたキャラクターがたくさんいます。

子どもたちに単純に「自然現象」や「五行」を説明しても理解しにくいこともあるでしょう。「ポケモン」を例に挙げながら紹介すると、子どもたちも感覚的に理解しやすくなるようです。

「ポケモン」かけ合わせの例

- ピカチュウ ➡ ねずみ×電気（雷）
- ライチュウ ➡ ねずみ×雷
- ヒトカゲ ➡ とかげ×火（炎）
- リザードン ➡ とかげ×炎×翼
- イワーク ➡ 蛇×岩
- ジュカイン ➡ イモリ×密林
- スイクン ➡ 鹿×水晶×オーロラ
- イーブイ ➡ 犬×ネコ×ウサギ

※いずれも諸説あります。

まだ間に合う！ 事前の声かけ例

みなさんも、オリジナル・ポケモンを考えるように、自然物をかけ合わせてみてください。でも、今いるポケモンをマネしてかくのはやめましょうね。自分だけのポケモンのようなキャラクターを考えてみましょう。

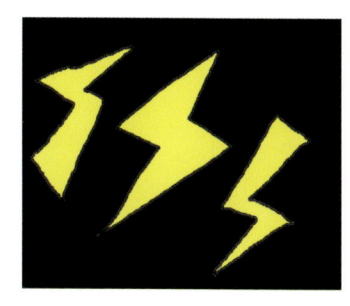

「雷」の例。雷模様。「一般的な稲妻」「赤い稲妻」「ブルーサンダー」などのように、色を変えても楽しい。

下に例を紹介していますが、自然現象は、私たちの身の周りにあふれています。「今日の天気は何だっけ？」「昨日の嵐、すごかったよね。あんなイメージを入れてみたら？」など、声かけもしやすいはずです。さまざまなモチーフを自由に組み合わせてみましょう。

自然現象・自然物の例

- ●〇〇×火・炎
- ●〇〇×氷
- ●〇〇×水
- ●〇〇×雨
- ●〇〇×雪
- ●〇〇×雹（ひょう）
- ●〇〇×ブリザード
- ●〇〇×電気
- ●〇〇×雷
- ●〇〇×葉・緑・林・森
- ●〇〇×樹氷

- ●〇〇×霜柱
- ●〇〇×雪の結晶
- ●〇〇×山
- ●〇〇×火山
- ●〇〇×氷山
- ●〇〇×火口
- ●〇〇×岩石
- ●〇〇×鉱物
- ●〇〇×洞窟
- ●〇〇×水滴
- ●〇〇×氷柱（つらら）

- ●〇〇×煙
- ●〇〇×ガス
- ●〇〇×竜巻
- ●〇〇×渦潮
- ●〇〇×大波
- ●〇〇×川
- ●〇〇×海
- ●〇〇×虹
- ●〇〇×オーロラ

「自然現象」作品の具体例

イメージ

◉作品名「ピカマウスザメ」
- 「メガマウスザメ×光×三ツ目」。深海の謎の魚をイメージした。ヒレは自然発光する。

●作品名「ダークライシャチ」(年長／「動物×自然現象」より「シャチ×雷×雲」)

「強いシャチ。ポケモンのダークライを参考にした。なんか絵が好きになってきた」

- 最初「オレは絵が苦手なんだよね」と言っていましたが、絵が大きくなって、黒いふちどりがはっきりしてくると、「楽しい！」と夢中になってかいていました。「トリミング」「引き伸ばし」、黒の「ふちどり」を頑張っていました。

「ダークライシャチ」のアイデアスケッチ。

困ったときのアイデア④
あえて「人工物」を入れる

人工物は実物を見ながらかこう

自然現象や自然物とは反対に、「人工物」も、時としていいモチーフになります。

想像画のモチーフに、自然物か人工物か、自然現象か、人為的な現象かなどの区別はあまり意味をもちません。

人工物だからダメとか、人の手が加わったものだから天然のモノに劣るということはありません。したがって、人工的なモノであっても、自由で、おもしろくて、魅力的であれば、どんどん使いましょう。

ただし、人工物は実物を「見て」かかないと、それとわからないおそれがあります。例えば、東京スカイツリーや通天閣などがそうです。想像画だからといって、何でも見ないでかくのは大人でも難しいことです。かきたい人工物があれば、事前に写真や図鑑を用意させましょう。

人工物の例

- ○○×お城（古今東西問わず）
- ○○×ピラミッド
- ○○×スフィンクス
- ○○×万里の長城
- ○○×凱旋門
- ○○×コロセウム
- ○○×エッフェル塔
- ○○×通天閣
- ○○×ランドマークタワー
- ○○×海ほたる
- ○○×瀬戸大橋
- ○○×風車
- ○○×石垣
- ○○×水田
- ○○×縄文土器
- ○○×埴輪
- ○○×甲冑
- ○○×鎧甲
- ○○×ネジ
- ○○×時計
- ○○×数字
- ○○×ギリシャ文字
- ○○×幾何学模様
- ○○×五芒星（星型）
- ○○×ハート型
- ○○×トランプマーク

※素材に×（かけ合わせる）でも、背景に＋（加える）でもよい。

イメージ

◉作品名「カラス」

（木版画）

- 背景に「電信柱と電線」を入れた。口にはビニール製の袋のようなものをくわえている。人間とカラスを対比するために、人工物の象徴である電信柱やプラスチックゴミを配置している。

再掲

◉作品名「タコナーガ」

（小3／「宇宙のいきもの」より）

- 背景に人工衛星（宇宙ステーション）を配置。人工物を置くことで、手前にいるのが宇宙人であることがより伝わる。

再掲

◉作品名
「おしゃれこうべ」

（小6／「おばけ・妖怪・モンスター」より「ドクロ×自分×神戸」）

- 神戸ポートタワーと異人館。神戸ポートタワーを「帽子」に見立てている。

困ったときのアイデア⑤
黒目に白を入れる

・黒目に白を入れることで「目ヂカラ」が生まれる

黒目（目の中心のことで、色のことではありません）に白を入れる。たったそれだけです。それだけですが、目が光って見えます。生き生きしているように感じます。白い色を入れると、それがハイライトの効果となり、あたかも光が反射しているように見えるのです。

人物や動物、いきものをもっと生き生きさせたいと感じたときには、ぜひ試してみてください。

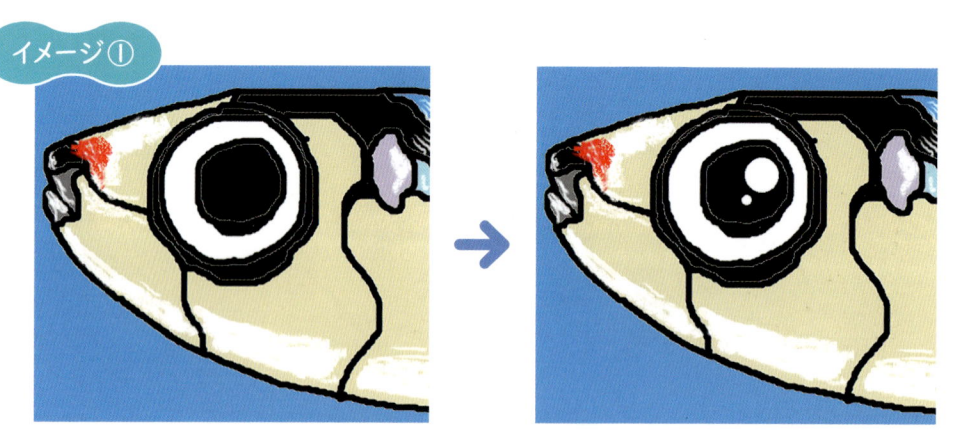

イメージ①

ウルメイワシ（潤目鰯）。魚を買うときには「目が澄んでいて、きれいなものが新鮮ですよ」と言われます。黒目に白を入れるだけで、新鮮な魚に見えるようになります。一気にみずみずしくなりました。

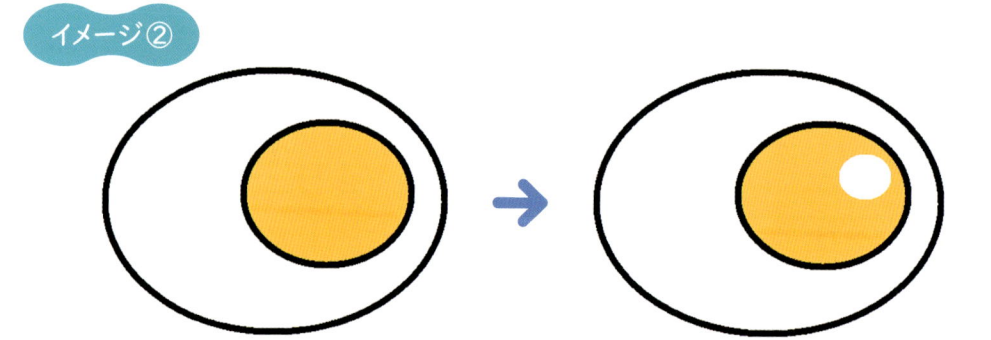

イメージ②

卵の黄身。卵を割ったとき、黄身が盛り上がっているものが新鮮だと言われます。ハイライトも同じ効果です。光の反射を入れることで立体的に見え、いかにも新鮮な卵のように感じます。

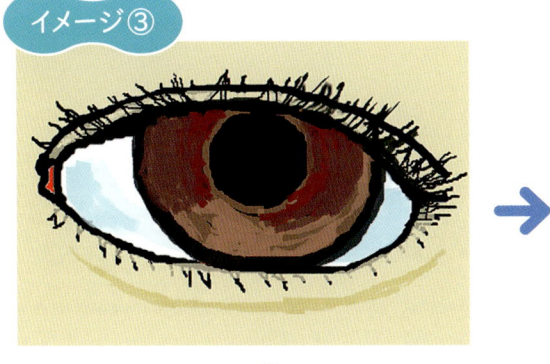 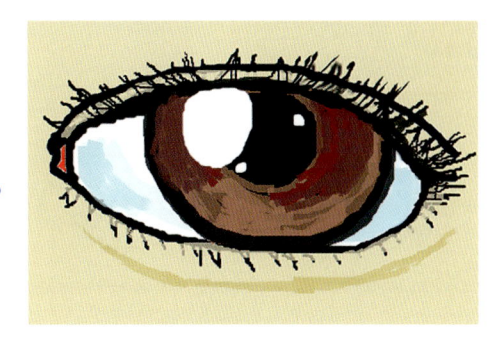

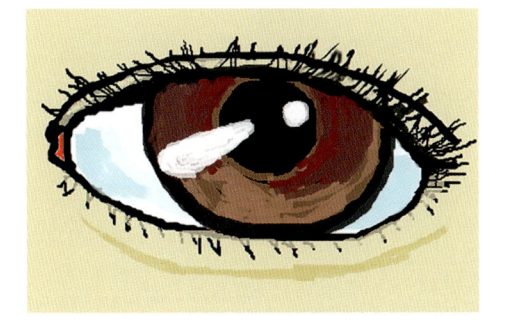 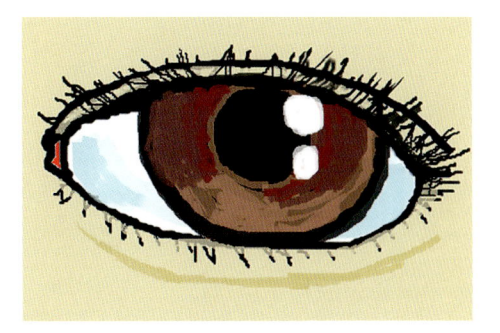

目玉。目に入れる白の形は自由です。白のクレヨンや白の修正ペンなどで、黒目の上から、ちょっと塗りつぶしてみましょう。もちろん、絶対に白を入れなくてはならないというものではありません。あえて入れずにかいてみるのもおもしろいでしょう。

イメージ④

これまで紹介してきた作品にも、黒目に白を入れているものが多くあります。絵なのに、「目力」があるように感じます。不思議ですね。

困ったときのアイデア⑥
「ありえない」設定を加える

ありえない「時代」にワープする

想像画ですから、絵の中で「ありえない」設定を実現することも可能です。

まずは、ありえない「時代」を舞台にしてみましょう。いわゆるタイムマシンに乗って、過去や未来にワープします。その世界を絵にするだけで、想像画になります。

ありえない「時代」をかくときは、現代人が過去や未来へ行ったことがわかるような工夫が必要です。絵を見た人に「なんだかおかしいぞ」と感じてもらえるような工夫をしましょう。

例えば、現代人がタイムマシンに乗って、恐竜が生きていたジュラ紀にワープしたとします。しかし、恐竜をかいただけでは、単純に「ジュラ紀の恐竜」をかいた絵になってしまう恐れがあります。ではここに、人間や宇宙船のような乗り物を一緒にかき加えると、どうでしょう。すると、「ああ、時空を超えてジュラ紀へワープしたんだな」とわかる作品になります。

また、「現代にどういうわけか、恐竜がいたら？」という設定で想像画をかいたとします。おもしろくなりそうですね。しかし、ただ恐竜をかいただけでは、これもただ単に「ジュラ紀の恐竜」をかいた絵だと思われてしまいます。

こんなときは、恐竜の時代には存在しなかったものをかけばいいのです。高層ビル、住宅街、遊園地、学校などの人工物。あるいは、トラやライオン、ゾウやキリンなど、現代の動物を一緒にかいてもいいでしょう。絵を見た人は「ん？何かおかしいぞ」と気づきます。

ありえない「時代」にワープのヒント

◎「過去」に行く場合
- タイムマシンをかく。
- その時代にはいないであろう現代の動物や植物（ブタ、メロンなど）をかく。
- 最新のテクノロジーが詰まった機械などの人工物をかく。
- 現代の格好をした自分（人間）をかく。
- その時代の服装の人と現代の服装の人を並べてかく。

◎「未来」に行く場合

- 今の時代にはないであろう人工物（空とぶ家、遊具など）をかく。
- 現代にも過去にもいないであろう動物や植物をかく。
- 現代の格好をした自分（人間）をかく。
- 未来の格好をした人間やロボット（AI）を想像してかく。
- 未来の乗り物などを想像してかく。
- あえて絶滅したはずの動物をかく（クローン技術で復活）。

◎過去（未来）から何かがやってきた場合

- 絶滅した動物や、大昔の格好をした人間をかく。
- タイムマシンや、未来の格好をした人間やロボット（AI）をかく。
- 舞台が現代であることがわかる建造物などをかく。

「ありえない『時代』にワープ」作品の具体例

◉**作品名「アリエナーイ！」**（小3／「ありえない『時代』にワープ」より）

「古代インカへワープした現代人（ぼく）。ドローンに乗って、ナスカの地上絵を古代人と一緒に、空から見たところです」

- 古代人は、ナスカの地上絵を空から実際に見たことと、ドローンに乗って空を飛んだこと、その両方に驚いているようですね。作品名「アリエナーイ！」にも、そんな気持ちが込められているようです。

第3章 その他のアイデア

ありえない「時間帯」にする

　次は、ありえない「時間帯」の設定です。朝や昼ならば夜へ、夜ならば朝や昼へ。登場する人物や動物などが本来活躍するはずの時間帯を、あえてズラしてかいてみましょう。それだけで想像がふくらみ、おもしろい場面をつくり出すことができます。

ありえない「時間帯」のヒント

● **本来活躍（活動）する時間帯を、あえてズラしてみる。**
　⇨ 夜の校庭、夜の教室、夜の海水浴、夜の遠足　など

● **夜行性の動物や、明るさが苦手な動物を昼間に出してみる。**
　⇨ コウモリ、吸血鬼（バンパイア）、フクロウ　など

「ありえない『時間帯』」作品の具体例

◉作品名「**夜のかたつむりくん**」（小2／「ありえない『時間帯』にする」より）
「かえるくんのお手紙をがまくんに渡すことを頼まれたかたつむりくんは、夜も寝ないで運んでいるんじゃないかと想像しました」

・ 黒の色画用紙を手に取ったことから、夜の場面を想像したのでしょうか。それとも、最初からかたつむりくんの場面をかこうと決めていたのでしょうか。登りの坂道（地面の回転）と、片方倒れた触覚（アシンメトリー）が、疲れているカタツムリくんの様子をうまく表現しています。

ありえない「場所」にする

最後は、ありえない「場所」です。

灼熱地帯、豪雪地帯、深海、山頂、雲の上、月面、宇宙空間など、現実ではありえない場所へ、対象物をワープさせてみましょう。不思議な絵やおもしろいストーリーができあがります。

ありえない「場所」のヒント

◎**本来生息（活動）する場所を、あえてズラす。**

- 海にすむクジラ ⇨ 川（淡水）、カルデラ湖、砂漠、枯山水　など
- 砂漠にすむラクダ ⇨ 南極や北極、月の砂漠、海底砂漠　など
- 深海の大王イカ ⇨ 山頂、雲の上、火山の火口　など

「ありえない『場所』」作品の具体例

◉作品名「**ごうけつ白熊（火山型）**」（小1／「ありえない『場所』にする」より）

「全長4.5ｍ。食べ物は、にんげん、ごうけつサボテン。耐熱タイプ。特技は、ツメラッシュ、とっしん、さいごのいちげき」

- 極寒地帯の象徴であるはずのシロクマが、岩をも溶かす灼熱地帯に⁉　ありえない両者の配置、それだけでも絵になります。火山の色は、噴火前がオレンジ色で、噴火すると赤くなる、と本人。マーブルの色画用紙をうまく使っています。画面からいったん出て、戻ってくる溶岩と岩石が見事です。

第3章

困ったときのアイデア⑦
小さくなってみる

モノの大きさを変えることで、小さくなってみる

一寸法師やコロボックルのように、主人公や自分が小さくなったと想像してかいてみるのはどうでしょうか。

絵本を読み聞かせたり、作品の冒頭を朗読したりしたあとで、想像画をかかせてみましょう。ツバメや昆虫の姿がわからない、かきたい思いが強くても、かき方がわからないという子どももいるので、参考に絵本を見せたり、黒板に簡単なイラストをかいたりしてもいいでしょう。

絵本の中の主人公の活躍を想像してかく場合もあれば、自分も一緒に小さくなってみる場合もあります。後者のほうが、より自由度は高くなります。

「小さくなってみる」想像画をかくコツは、周囲を大きくかくことです。昆虫、ツバメ、チューリップなどをトリミングし、画用紙いっぱいに引き伸ばして、大きく見せましょう。

「小さくなってみる」題材例

- 「一寸法師になっちゃった」
- 「親指姫のせかいへ」
- 「コロボックルに出会ったよ」

ドラえもんの「スモールライト」を使ってみる

ドラえもんのひみつ道具「スモールライト」を使ってみたら？　という設定もおもしろいでしょう。

自分がライトにあたって豆粒のように小さくなったら何をしたいか、楽しいことを想像して絵にしてみます。主人公は自分です。自分を小さく、周囲を大きくかく必要があります。トリミングと引き伸ばしを駆使しましょう。

また、「もし自分がスモールライトを手にしたら、何をするか？」という設定も楽しいですね。

大きなゾウやクジラにライトをあてて小さくし、昆虫や小魚、文房具などと並ばせたら、それだけでおもしろい想像画になるでしょう。

「小さくなってみる」指導上の留意点

「小さくなって何をしたいか？」と子どもたちに聞くと、ニヤニヤする子どもがいます。ドラえもんののび太くんのように、何やらちょっとだけ悪いことを考えているのかもしれません。想像の世界ですから、いたずらを頭の中で考えてしまうのはやむを得ないことでしょう。

しかし、それを実際に絵にして表すことは、まったくの別問題です。事前の指導の際に、きちんと声かけしておきましょう。

まだ間に合う！ 事前の声かけ例

インターネットの世界でも、人の悪口を書き込んだり、怪しいサイトに行ったりしてはいけないということを、情報モラルの授業で勉強しましたね。ネットと現実のマナーが一緒なように、想像画も現実とマナーは一緒です。

いないとは思いますが、絶対に入ってはいけないところへこっそり入ったり、誰かを小さくして、いたずらをしたりする。このような絵は、もちろんかいてはいけません。みんなが楽しくなるような絵をかきましょう。

「小さくなってみる」作品の具体例

● 作品名 「騎虫戦」 (小4／「小さくなってみる」より)

「騎馬戦みたいのをしているところ。『ぼくらはみんな生きている』に出てくるイナゴ、ミツバチ、オケラ、ミミズをかきました」「人間をかくのに30分くらいかかりました。虫よりも大変でした」

・騎馬戦をもじった「騎虫戦」。タイトルも工夫しましたね。虫に乗って、帽子取りでしょうか？ それともレースかな？ 乗りこなすのは大変そうです。トリミングしてかいたイナゴ。それに乗る子どもを相対的に小さくかいているので、イナゴの大きさがよく伝わってきます。

国語教材を素材にする

教材の設定や叙述を変えて、想像してみる

国語教科書の有名文学教材を読んで想像画をかくことがあります。

そんなときは、物語の設定や叙述を少し変えてみてはいかがでしょうか。不思議な想像画や、おもしろい想像画を創ることが可能になります。

設定や叙述を「少し変える」ヒント

◎**教材の題名を少し変えて、それを絵にしてみる。**

● **大きなかぶ** ⇨ **大きなラディッシュ、大きなすいか、大きなさつまいも**　など
● **くじらぐも** ⇨ **さめぐも、いるかぐも、ぞうぐも、きょうりゅうぐも**　など
● **たぬきの糸車** ⇨ **きつねの糸車、たぬきのミシン、糸車のたぬき**　など

◎**叙述を少し変えて、それを絵にしてみる。**

● **生きているということ　それは〇〇**
（谷川俊太郎『生きる』より／光村図書6年生国語）
● **お手紙を一度ももらったことがない、がまくん** ⇨ **お手紙を毎日たくさんもらっている、がまくん**　など
（アーノルド・ローベル『お手紙』より／光村図書2年生国語）
● **「天までとどけ、一、二、三」** ⇨ **「〇〇までとどけ、一、二、三」**
（中川 李枝子『くじらぐも』より／光村図書1年生国語）

設定や叙述を変える際の留意点

想像画の世界ですから、何をかくか、基本的には自由です。しかし、教材のイメージをおとしめるようなことはあってはなりません。

下ネタや残酷ネタへの変換はダメだということを、事前に、入念に指導しましょう。さらに、念のため、本がきをする前に、下がきや題名を確認するなどしましょう。

「国語教材を素材にする」作品の具体例

◉作品名「いせえびみたいな水中ブルドーザー」

（小6／教科書作品「スイミー」を読んで「水中ブルドーザー ×いせえび」）

「本当は『水中ブルドーザーみたいないせえび』だけど、ひっくり返してみた」「絵本のスイミーはイセエビというより、ザリガニに似ている気がする。本物の水中ブルドーザーは水陸両用で、青緑色をしている」

- 油性ペン、水彩絵の具などを使って、細かく丁寧に仕上げています。「〇〇みたいなA」という直喩表現を「Aみたいな〇〇」とひっくり返す発想が何より素晴らしいです。水中ブルドーザーという重機は、確かに青いイセエビに似ていますね。よく見ると、右のほうにスイミーが！

【再掲】

◉作品名「夜のかたつむりくん」

（小2／「ありえない『時間帯』にする」より）

- 教科書教材「『お手紙』アーノルド・ローベル＝作／光村図書2年生国語」からインスピレーションを得てかいた作品。

その他のアイデア

絵本を素材にする

絵本のお話から想像をふくらませる

子どもたちに絵本を読み聞かせ、想像画をかかせることもあるでしょう。

魅力的な想像画をかかせるポイントは、これまで述べてきたことと同じです。7つの基本アイデアを実践してください。

読み聞かせ絵本の例

● 『100万回生きたねこ』　佐野洋子＝文・絵（講談社）

輪廻転生を繰り返すねこ。100万回生きて、100万回死ぬ。絵本の中では数回の生死の紹介なので、それ以外の場面を子どもたちに想像させ、絵にしてみる。

● 『おおきな　きが　ほしい』　佐藤さとる＝文／村上 勉＝絵（偕成社）

主人公が「大きな木が欲しい」と想像する。大きな木には、家があって、ぼくの部屋があって、小鳥が来て……と想像が膨らんでいく。色画用紙を縦につなげていって、季節や部屋のイメージを変えていくのも楽しい。

● 『かいじゅうたちのいるところ』　モーリス・センダック＝作／じんぐう てるお＝訳（冨山房）

きぐるみを着た主人公が、かいじゅうたちの世界へ。読み聞かせと想像画の定番。かいじゅうは「引き伸ばし」で迫力を出し、「回転」や「アシンメトリー」を駆使して表情豊かにしたい。

「絵本を素材にする」作品の具体例

● 作品名「ファラオのねこ」(小3／「絵本を素材にする」より『100万回生きたねこ』を読んで)

「あるとき、ねこは、スフィンクスのようなねこでした。ねこは、王様のねこだったことがあるので、エジプトのファラオをまず考えて、そこからスフィンクスを考えました」

・ねこが、スフィンクスと同じポーズをとっています。100万回も生まれ変わっているのですから、確かにそんな場面もあったに違いありません。左のほうにトリミングされた手が見えます。ファラオの手？　想像がふくらみますね。

●作品名「**貴婦人とねこ**」（30代母親と小1息子／「絵本を素材にする」より『100万回生きたねこ』を読んで）

「明治時代が好きなので、明治時代の女性の写真集を調べてかきました（母親）」

「女の人は、ママにそっくりです。ねこは、自分にそっくりのやんちゃです（息子）」

・母と子の合作。それ自体、おもしろいアイデアですね。貴婦人をかくお母様の絵の腕前、文句なしです。ねこは、美しい貴婦人をじっと見つめているようです。地味な色画用紙に貴婦人の白さとねこの目が際立って見えます。

実際の指導例を見てみよう

　想像画の指導って、想像がつかないけれど、どんな雰囲気の中で行っているのでしょう？　これから想像画指導に挑戦してみようと考えている先生方には気になる点かもしれません。ここでは、作品名「クッパ」ができるまでの流れと、筆者の自宅で行った小さな「絵画教室」の様子を紹介します。

素案メモ。題材は「ライオン×さくらんぼ」とすぐに決まる。本人にはイメージがあるようだったが、この時点で少なくとも筆者には、さくらんぼをどうやってかけ合わせるのかがわからなかった。

「どうかいたらいいかわからない」というので、ライオンの載った動物図鑑を渡し、アイデアスケッチをさせた。本人は「ライオンのかき方」がわからなかったようだ。筆者も、さくらんぼは、ライオンのたてがみだとわかる。本人と筆者、双方の疑問が解決。

灰色クレヨンによる下がきが完成。トリミングと引き伸ばしを用いたので、色画用紙の枠内は、ライオンの頭部でいっぱいになった。5分ほどで、あっという間にかき終わる。

下がきに色を塗る。
夢中になって塗っていた。

ダイナミックな想像画が完成。
「ライオンの顔」になって、ハイ、チーズ！

「絵画教室」では、みんなで会話を楽しんだり、お菓子をつまんだりしながら、ワイワイ、ガヤガヤと作品づくり。筆者自身も、子どもたちのもつ力や絵の素晴らしさを改めて目の当たりにした。

想像画Q&A

想像画の実践を重ねていくと、指導で困ってしまうことや、わからないことが出てくる場合もあるでしょう。ここでは、そもそもかき方がわからない子どもへの指導法、鑑賞や評価の方法など、指導の中で出てくるちょっとした疑問や質問に答える Q&A を紹介します。

7つの基本アイデアは、すべて使う必要があるの？

やりやすいものから試してみよう

想像画の指導において、一度にすべてのアイデアを使う必要はありません。「あれも入れて、これも入れて……」と堅苦しく考えては、緊張した絵になってしまいます。実行しやすいところから、試し てみるのがいいでしょう。

例えば、「地味な色画用紙」は、教材屋さんに注文して用意するだけですから、特別な技術は必要ありません。そこから始めてみるのはいかがでしょうか。

7つのうち、最も大切な基本アイデアはどれ？

また、「7つの基本アイデアのうち、最も大切なのはどれですか？」というのも、よく聞かれる質問です。

想像画ですから、どれがいちばんや、どれが大切といった順位づけはあまり意味がありません。

しかし、あえてひとつに絞るのであれば、「引き伸ばし」をおすすめします。なぜなら、大きな絵になるからです。

想像画ですから、必ずしも大きな絵である必要はありませんが、絵が大きくなるだけで、見た目の印象がガラリと変わります。

紹介した7つの基本アイデアは、想像画以外にも生かすことができます。

絵画では、自画像、似顔絵、風景画、写生画などに「地味な色画用紙」「灰色クレヨン」が活用できるでしょう。

また、紙版画・木版画、紙工作や粘土などにも「トリミング」「引き伸ばし」「アシンメトリー」が応用できます。

このほかにも、生活科や理科の観察では「引き伸ばし」が大活躍するでしょう。

想像画に限らず、さまざまな場面で活用してみてください。

使った基本アイデアは「トリミング」や「引き伸ばし」。大きな絵には迫力がある。

クレヨンは、どんなものを使えばいい?

クレヨンは「太さ」や色の「乗り」で選ぶ

どんなクレヨンを使えばいいのか、高いクレヨンを使ったほうがいいのかというのも、よく聞かれる質問です。

100円均一で買ったクレヨンが必ずしもダメということはなく、使うクレヨンが安いか高いかは関係ありません。

想像画で使うクレヨンは、「太さ」や色の「乗り」で決めてください。クレヨンの試しがきが難しいときは、初めからセットを買うのではなく、バラ売りのクレヨンを買って、かき心地を試してみるといいでしょう。

判断基準としては、例えば、次のようなものが挙げられます。

クレヨンの選び方のポイント

◎**太めのクレヨンを選ぶ**
クレヨンは当然、太いほど折れにくくなります。その分、力を加えやすく、色の乗りがよくなります。結果として、色合いが濃くて力強い絵になるでしょう。同じ素材であっても、色鉛筆のように細ければ、折れやすく、薄い絵になってしまうことがあります。

◎**灰色クレヨンを消しゴムで消すことができる**
前述したように、灰色のクレヨンは、下がきで使用することがあります。つまり、灰色クレヨンによる線描は消す場合があるということです。そのため、かいた跡が大きく残ってしまうクレヨンは避けたほうがいいでしょう。

◎**色の濃い画用紙にもかける**
例えば、黒やこげ茶の色画用紙を使ったときに、白や肌色のクレヨンで色を塗ってみて、鮮明に色が出れば大丈夫ということです。色鉛筆でかくように、透けたり、薄くなったりしてしまうクレヨンは避けましょう。

◎**重ね塗りをすることができる**
クレヨンは、ひとつの色を塗った上から、別の色のクレヨンを重ねて塗ることが可能です。この手法をとると、独特のタッチや色合いが出るので、重ね塗りができるクレヨンを選ぶとよいでしょう。色が混ざってしまうなど、うまく色を重ねられない場合は、へらなどを使って下の色を少し削ってから重ねるとうまくいきます。

クレヨンはホームセンターや文房具店などで、500〜600円程度で売っています。何種類か使ってみて、比べてみるのもおもしろいかもしれません。

なお、クレヨンとクレパスは、本来別物ですが、いずれも太く、色の乗りもよいため、私は区別せずに使用しています。

地味な色画用紙だと、作品が暗くならないか心配です。

地味な色画用紙をまったく別の色で塗りかえることも

地味な色画用紙を使うと、作品自体が暗くなるのではないか……。わざわざ地味な色画用紙を使わなくても想像画はかけるのでは？　どうしても、地味な色画用紙を使わなくてはなりませんか？　地味な色画用紙を使うことについて、こうした声を聞くこともあります。

本書で紹介したアイデアは、いずれも「使わなければならない」という性質のものではありません。「○○をしなくては想像画とは言えない」などの決まりも一切ありません。地味な色画用紙についても同様です。あくまでアイデアです。先生方が実際に地味な色画用紙を用いて指導し、手応えがあると感じていただけたなら、続けていけばいいのです。

よく見ていただければわかりますが、本書で紹介した作品も、必ずしも地味な色画用紙を用いているとは限りません。白い画用紙や、子どもに人気の水色やピンクに近い色も使用しています。

興味深いのは、次に紹介する4つの作品です。いずれも地味な色画用紙を用意してかかせたものですが、子どもたちはナント、まったく別の色で塗り替えています。指導の際は「大変だから、背景は塗らなくてもいいよ」と伝えましたが、それでも塗っていました。理由は「人それぞれ」で、背景の色が暗いから、気に入らないから、好きな色で塗りたいから……などでした。自らすすんで背景を塗っていることが、私には驚きでした。地味な色画用紙で、子どもたちの主体性を引き出してみてはいかがでしょうか。

「地味な色画用紙」作品の具体例

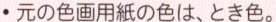
再掲

●作品名「コックさんのぼく」
・元の色画用紙の色は、とき色。

◉作品名「**スマホウサギ**」(小1／「動物×IT機器」より「うさぎ×スマートフォン」)

「76kmのスピードで走る凶悪ウサギ。ライバルはガラパゴスケータイガメ」

「特技は、ドロップキック。弱点は、スマホのバッテリー切れ」

- 元の色画用紙の色は、藍色。
- 作品名「もしもしかめよ」(ガラケー×ガラパゴスゾウガメ)のキャラクターを見て、思いついたそうです。足の速いウサギのように、あっという間にかき上げていました。頭部を下に、胴体を回転させている構図が見事。アシンメトリーで素早い動きも出ています。

再掲

◉作品名「**どうぶつえんのしいくいんさん**」

- 元の色画用紙の色は、牡丹色。

再掲

◉作品名「**サラマンダー**」

- 元の色画用紙の色は、えんじ色。

色画用紙は どのサイズを使えばいい？

色画用紙は大きいものを使用したほうがいい？

自由な想像画ですから、使用する画用紙の大きさに決まりはありません。確かに、大きい画用紙ほど大きい絵がかけますが、小さい画用紙であっても、トリミングや引き伸ばしを使えば、大きく見せることが可能です。

学校では一般的に、四つ切りの色画用紙が大きい画用紙と呼ばれます。これは、学校で使用する机の大きさと同じくらいの大きさです。これ以上大きいと、机の上に置いてかくことができないので、学校では四つ切りの画用紙がいちばん大きい色画用紙ということになります。

四つ切り画用紙は大きく、迫力も出ますが、教室や廊下に掲示するためのスペースが取りにくい、というのが難点です。

例えば、40人学級で四つ切りにかかせると、廊下の片面だけでは収まらず、向かいの廊下や、天井近くの高いところまで使用します。掲示も撤去も大変ですし、事故やトラブルにつながる可能性もあるため、私自身は、四つ切り画用紙をあまり使用しません。なお、四つ切りの色画用紙は、教材屋さんに色と枚数を指定して注文する必要があります。

私がよく使っているのは、四つ切りの半分の「八つ切り画用紙」です。学校の事務室には、このサイズが置いてあることが多いのではないでしょうか。

大きいサイズより、大きく見せる工夫が大切

画用紙自体は大きくなくても、トリミングや引き伸ばしを使えば、大きく、迫力のある絵に見せることが可能です。

例えば、葛飾北斎のかいた多色刷木版画『神奈川沖浪裏』（1831-1833頃）。寸法は25.7cm × 37.9cmで、実物は八つ切りほどの大きさです。資料集などで見たことがある人も多いはずです。この絵は、どれほど縮小しても、その迫力に変わりはありません。

また、インターネット漫画のパイオニアとして、インターネット上で『キン肉マン』を再ブレイクさせた漫画家ゆでたまご先生は、スマートフォンの画面でも迫力ある絵になるように工夫をこらしていると言っておられました。

画用紙自体の大きさにこだわるよりも、「大きく見せるには、どうすればよいか」を考え、工夫してかかせてみてはいかがでしょうか。

地味な色画用紙はどこで売っている？

学校ではなく、家庭で想像画をかかせたいという保護者の方などに、「地味な色画用紙はどこで売っていますか？」と聞かれることがあります。

色画用紙は、基本的に、人気の色や売れる色を売り場に出していることが多いでしょう。

よくある「色画用紙セット」なども、人気の色や売れる色がセットになっています。そのため、水色・ピンク・黄色・青・赤などは手に入りやすく、茶色・こげ茶色・深緑色・えんじ色・藍色といった地味な色は、なかなか手に入りません。せっかく見つけても、袋に入った「単色10枚セット入り」になっている場合があります。少しずつ違う色を買うのは難しいかもしれません。

地味な色を確実に手に入れたい場合は、大きな文房具店に問い合わせて購入したり、インターネットの専門店などで注文したりするのがいいでしょう。

また、大きな100円ショップであれば、こげ茶、えんじ色、抹茶色などが置いてあることもあります。100円ショップでは、子ども向けのコーナーではなく、大人向けのコーナーや、「和」がテーマのコーナーなども探してみてください。

なお、学校で取り組む場合は、教材屋さんに連絡を取れば、すぐに手配してもらえます。教材室や事務室にたくさんの色が用意されている場合もあるでしょう。

「八つ切り」色画用紙にかかせた想像画。引き伸ばしやトリミングなど、工夫次第で、ダイナミックな絵に見せることができる。

「わからない」と言う子どもには、どう指導すればいい？

「わからない」には2つのパターンがある

「わからない」と言う子どもには、大きく分けて、2つのパターンがあります。

ひとつは、題材が思い浮かばず、「何を」かけばいいのかわからないパターン。もうひとつは、かく題材は決まったけれど、「どう」かけばいいのかわからないというパターンです。

2つの「わからない」はループします。この負の連鎖を断ち切ってやる必要があります。

> 「わからない」その①
> 何をかいていいのか……。
>
> よし、決めた。
>
> 「わからない」その②
> どうかけばいいのか……。
>
> やっぱり、やめた。

「何を」かけばいいのかわからない子どもの場合

まずは、題材（＝ What ?）が思い浮かばなくて困っている子どものパターンを紹介します。

先生方からよく、「何をかいてよいのか、まったく思い浮かばない子どもに『○○をかきましょう』と例題を出しても構いませんか？」と聞かれることがあります。

そんなときは、例題を出すというよりも、少しずつ「その子がかきたいもの」を引き出していく姿勢が大切です。

例えば、想像画「動物×植物」で何をかこうか、まったく思い浮かばないという子どもがいたとします。その子どもに「ライオン×ひまわりでかいてみれば？」と例題を出すのは簡単です。

しかし、その子どもが、ライオンもひまわりも嫌いであれば、先生に言われ、嫌々かいた絵ということになってしまうでしょう。主体性を欠いてしまいます。

この場合、複数案を出させ、自分で選

択させれば、子どもの主体性を尊重することができます。例えば、次のように声かけします。

「好きな動物を3つ教えてくれる？　あと、植物も3つ、出してみようか」

「イルカ、ゾウ、パンダかな。植物は、チューリップとアサガオしか知らないけど……」

3つと言いましたが、無理に3つ出さなくても構いません。

「イルカとゾウはかくのが難しい？　でも、パンダなら何となくかけそうだね」

「アサガオは、生活科でもかいたよね。パンダとアサガオにする？　え、嫌？　じゃあ、パンダとチューリップでチャレンジしてみようか？」

「……うん。でもうまくかけないと思う」

「大丈夫。うまくかけなくていいんです。想像画でしょう？　かくモノを自分で決めたってことが、何より素晴らしいと思うよ」

このような具合に、最後は自分で決断させることが大切です。

「どう」かけばいいのかわからない子どもの場合

では、題材は決まったけれど、「かき方がわからない」（＝How？）と、手が止まってしまう子どもの場合はどう指導すればよいでしょうか。

「どうかいてよいのかわからない」だけでは、どういうことなのか、子どもが何に困っているのか、こちらもよくわかりません。そこで、子どもが何をわかっていて、何がわからないのか、はっきりさせる必要があります。

まずは、ホワイトペーパー（A4の白い紙）などに、アイデアスケッチをさせましょう。このスケッチは、小さい絵になっても構いません。自由帳にかくように、鉛筆やクーピーなどを使って、好きなようにかかせましょう。

アイデアスケッチですから、どう間違えようが、好きにかいて構わないはずです。それでも手が止まる場合は、そもそもモチーフ（主題や題材）のイメージが湧いていなかったり、モチーフがどんな姿や形をしていたか、思い出せずに困ったりしている可能性が高いといえます。

例えば、「カタツムリ」の絵をかきたくても、「角の先に目があるのか、口のそばに目があるのか」わからなくて手が止まってしまうなどです。

そんなときは、題材についてアドバイスしたり、モチーフがのっている資料や図鑑を用意したりするなど、サポートしましょう。

もちろん、アイデアスケッチはせず、いきなり本番をかき始める子どももいます。アイデアスケッチは絶対に必要なものではありません。

また、アイデアスケッチのとおりに本番もかかねばならないわけでもありません。アイデアスケッチから新たなアイデアが思い浮かんだら、本番ではそちらをかいてもいいのです。

第4章　想像画Q&A

女子が自分の顔を
かきたがりません……。

外見を気にする高学年女子に、自画像はそもそも難しい

　高学年の担任をしている先生から、女子が自分の顔をかきたがらず困っているという話をよく聞きます。

　かいては消し、かいては消しを何度も繰り返すなど、似顔絵だけでなく、想像画においても、高学年女子に自分をかかせるのは難しいと感じたことが私もあります。

　高学年女子に、自分の顔をかかせるためのいい手立てはないか。私が教わりたいくらいです（苦笑）。

　普段、筆箱やポケットに手鏡をしのばせて、1日中ずっと自分の髪型を気にしている子どもがいます。鏡だけではなく、ガラスや水たまりなど、姿が映るものは何でも活用しています。自分の映る姿について、角度を変えながら研究しているようです。

　思春期の女子はそれくらい、自分の顔や外見を気にしているのです。そんな繊細な子どもが自分の顔を絵にするのですから、それはそれは難しいに決まっています。髪の毛1本かくのでも、ぞんざいにはできないのです。

　極端な話ですが、女子には自画像をかかせないほうが無難と言えるかもしれません。

変身させたり別人にしたり、少し変えてかかせる

　「自分で自分の顔を好きなようにかきなさい」と言われると逆に困ってしまって、納得いくまで延々と消してかいて……を繰り返すことがあります。そうなると、授業時間中にはなかなか終わりません。作品を仕上げることが目的ではなく、絵にかいた自分の顔が「自分自身や周囲の友達にとって納得のいく顔か」ということが主眼になるからです。

　たとえ想像画であっても、画用紙の中に自分を登場させるのは勇気が要ることです。

　では、どうするか。

　ちょっと変身させたり、別人っぽくしたりするのはいかがでしょうか。

　「心から納得いく本当の自分の姿ではないが仕方がない。想像画だから」

　「これは自分じゃなくて別人だから」

　こんな逃げ道のようなものが用意されていると、楽になるのではないでしょうか。

また、やむを得ない場合は、教師が一斉指導で顔のかき方を決めて指導するのも、ひとつの手です。

　「これは○○先生の指示に従ってかいた。だから、心から納得いく自分の姿ではないがお互いさまでしょう？」

　こんなふうに、自分や周囲に言い訳をすることができます。そのほうが女子にとって、ある意味楽だからです。

　ちなみに、想像画ではありませんが、女子同士でお互いの似顔絵をかくことも、やはり難しいことです。お互いに遠慮してしまい、思い切ってかけないからです。こうした場合は、男女をペアにして、相手の顔をかかせるのもひとつの方法です。

「自分×○○」作品（女子）の具体例

再掲
◉作品名
「おしゃれこうべ」
・「ドクロ」にして、自分からそらす。

再掲
◉作品名
「わたしとおおかみ」
・変身して、自分からそらす。

再掲
◉作品名
「トゲのある私」
・変身して、自分からそらす。

再掲
◉作品名
「ピアニストの自分」
・「将来の姿」にして、今の自分からそらす。

題材は限定すべき？

「テーマは自由」は案外難しい

　題材は限定したほうがいいのか、「テーマは自由」でやらせたほうがいいのか。この質問も、よく聞かれます。

　特に決まりはありませんが、子どもにとっても、指導する側にとっても、ある程度限定したほうがやりやすいことは確かです。

　子どもたちに「テーマは自由です。何でもいいから自由にかきましょう」と言ってかかせるのは、なかなか難しいものです。「飲み物を買ってきてくれる？　何でもいいから」と頼まれて、困った経験はありませんか。

●冷たい飲み物か、温かい飲み物か。

●甘いものか、甘くないものか。

●清涼飲料水か、お茶か、炭酸飲料か。

●苦手なものはないか。

　頼まれた側は、なかなか迷うものです。さらに、何でもいいと言っていたのに、買ってきたら、こんな反応をされることもあります。

　「え、これ冷たくない？　温かいのがよかった」「ブラックコーヒーは飲めないんだ」「炭酸は苦手なのよね」。こんなふうに言われると、ちょっと待って、それはないんじゃないの？　と口には出さなくても思いますよね。

　では、もう少し絞って頼まれた場合はどうでしょうか。

　「メーカーはどれでもいいから、強炭酸を買ってきて」「何味でもいいから、果汁100％のジュースがいいな」。こう言ってもらえれば、だいたいのイメージが湧きますし、的が外れてがっかりされる心配もありません。

　想像画も同じです。テーマはできればひとつがいいでしょう。ひとつのテーマでも、そこから想像をふくらますことができるようなものがベストです。

　例えば、次のような指導です。黒板には、『「動物×植物」のいきもの』と板書しておきます。

まだ間に合う！ 事前の声かけ例

今日は、「動物×植物」のいきものをかきましょう。

動物というのは、ゾウやキリンなどのほ乳類に限りません。鳥も魚もワニも動物。絶滅しているけれど、恐竜もOK。蟻やミジンコもOKです。

> 植物は、タンポポやアサガオはもちろん、リンゴやミカンなどの果物、ダイコンやトマトなどの野菜、米や麦、枝豆やピーナッツでもいいですよ。

> サンゴは動物か植物か、どっちかって？　ミドリムシは両方？　自分が動物だと思えば動物、植物だと思えば植物でいいんです。決まりはないから、自由に考えてみましょう。

慣れるまでは、テーマはひとつにする

筆者も実際に何度かやったことがありますが、まったく異なるテーマをかかせるのは、指導するうえで難しいはずです。

例えば、同じ時間に、次のようなテーマを与えた場合です。

> A「動物×植物」のいきもの
> B「将来の自分」
> C「夢の乗り物」

「さあ、A・B・Cの3つのテーマがあります。3つの中から自分で選んで描きましょう」といった指示をしたとすると、どうでしょう。

これは、「お茶か炭酸か清涼飲料水、どれか買ってきてくれない？」と頼まれるようなものです。

まず、どれにするかで迷います。AかBかC、決めたとしても、じゃあ何をかこうかといいうところでまた悩みます。テーマは3つに限定されているけれども、それでも広すぎて絞れない、イメージが湧かないという例です。

また、指導する教師にとっても、一斉指導できる場面は少なくなりそうです。

Aは動物か植物、Bは人物、Cは乗り物ですから、理科と国語と社会の内容を同時間帯に教えるような難しさがありそうです。A・B・Cのそれぞれに時間を取って、グループ別あるいは個別に指導するのは大変なことでしょう。

こうしたことを避けるため、慣れるまでは、テーマはひとつに絞ったほうが無難です。

ただし、子どもが絵をかくことに慣れている場合は、複数のテーマを設けてもよいでしょう。慣れている子どもの場合、自分でテーマを決めて、かきたい素材や参考資料を側に置き、自由にかくことも可能です。

慣れていない子どもでも、基本アイデアを1年間指導すれば、2年目にはできるようになっているはずです。

● 「冬の俳画」（小2）

筆者が1年次に学年で指導した子どもたちの絵。2年次の担任は、初任者ほか。テーマは自由（＝当季雑詠）だった。7つの基本アイデアを子どもたちが自ら用いてかいている。担任は替わっても、子どもたちに身についた自由な表現方法は変わっていない。

特定の題材ばかり かきたがります……。

「好き」を生かした想像画をかこう

　車ばかり、虫ばかり、ウサギばかり、お姫様ばかりなど、「子どもが、特定の題材ばかりかきたがって困ります。どうすればいいですか？」と相談を受けることはよくあります。

　さて、ここで「困っている」のは誰でしょうか。困っているのは私たち大人のほうであって、子どもではありません。

　子どもが好きでかいているのであれば、それを尊重したいものです。

　例えば、「お姫様ばかりかきたがる」子どもの場合です。

　ひと口に「お姫様」といっても、古今東西、いろいろなお姫様がいます。

　「絵がいつも同じになってしまう」というのであれば、右ページのように、世界や日本のさまざまな「お姫様」を調べて、「こんなお姫様もいるんだって」と子どもに紹介してみるのはいかがでしょうか。

　これは、どんな題材であっても同じです。資料や図鑑を見せたり、本を集めたり、ひとつの題材について、とことん極めてみるのもおもしろいでしょう。好きな題材であれば、子どもも興味をもちますし、想像力もますます広がるはずです。

どんな題材でも、かき方を工夫すれば個性的な想像画にすることができる。子どもがその題材のどんなところが好きなのか聞き、そこを強調してみるのもおもしろい。

世界と日本の「お姫様」の例

世界のお姫様

● **白雪姫**

雪のように白いお姫様。毒りんごを食べてしまう。トレードマークの赤いリボン、それに真っ赤なりんごをかけば、わかりやすい。

● **シンデレラ**

ガラスの靴を手がかりに王子と再会する。ちょっと難しいが、かぼちゃの馬車などをかいてもおもしろい。

● **人魚姫**

人魚の世界のお姫様。尾ひれをかくと人魚とわかるので、かきやすい。

● **親指姫**

チューリップの花から生まれた、親指のように小さい姫。蓮の上やツバメの上に、親指姫を乗せてかいても楽しい。

日本のお姫様

● **かぐや姫**

竹から生まれたお姫様。竹取物語の主人公。竹林や月をバックにするとわかりやすい。

● **乙姫**

竜宮城のお姫様。弟姫（おとひめ）の転。浦島太郎に登場。髪型や衣装がチャーミング。

● **織姫**

七夕伝説の仙女。彦星の夫。天の川や七夕飾りもかきたい。

● **鉢かつぎ姫**

頭に大きな鉢をかぶった姫。インパクトがあるので、絵にしやすい。

● **雪女**

姫ではないが、白や水色でかく肌や髪が新鮮でおもしろい。

子どもの「好き」は、それだけで個性になります。ひとつのものが好きということを否定するのではなく、「好き」という気持ちを絵をかきたいというモチベーションや想像力に、うまく「利用」しましょう。

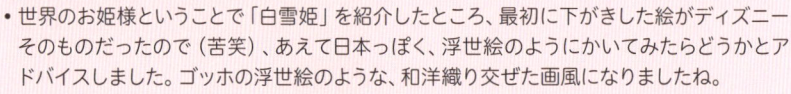

🔴 **作品名「白雪姫」**（中2／「絵本を素材にする」より）

「本当はディズニーっぽくかきたかったけれど、著作権違反になるからと、夏來先生のアドバイスで浮世絵っぽくしてみました。そうしたら、そっちのほうがおもしろくなってきました」

「書道を習っているので、草書であらすじも書いてみました」

- 世界のお姫様ということで「白雪姫」を紹介したところ、最初に下がきした絵がディズニーそのものだったので（苦笑）、あえて日本っぽく、浮世絵のようにかいてみたらどうかとアドバイスしました。ゴッホの浮世絵のような、和洋織り交ぜた画風になりましたね。
- 新しい自分の発見、新たな気づきは、新学習指導要領がめざす「深い学び」です。

◉作品名「鉢かつぎ姫」(小5／「絵本を素材にする」より)

「鉢の中には、美しい顔が隠れています。着物の柄と髪型を工夫しました」

・昔話の「鉢かつぎ姫」のお姫様。見えそうで見えない顔がミステリアスで、赤い唇が艶やかです。ホワイト(修正液)のふちどりが、髪の毛や着物の美しさを際立たせています。

想像画Q&A

「家でもかかせたい」と保護者に聞かれた場合のアドバイスは？

テーブルクロスや新聞紙などを活用して汚れをガード

学校で想像画を指導すると、保護者の方から「家でも想像画をかかせたいのですが、どうすればいいですか？」と聞かれることもあるのではないでしょうか。

家庭で絵をかかせる場合、保護者がいちばん気になるのは部屋を汚されることでしょう。事実、「汚されたくないので、家では絵をかかせません」という声もよく聞きます。

わが子に部屋を汚されることは、保護者にとって大きな悩みです。一所懸命片づけ整頓し、きれいに掃除した部屋を、子どもは事情も知らずに「一瞬で」散らかしてくれます。飲み物をこぼす。おやつを食べた手をソファーやカーテンで拭く。鼻クソをテーブルやソファーにこ

びりつける……。ただでさえ汚れるのに、クレヨンや油性ペン、絵の具セットなどを渡したらどうなるでしょうか。恐ろしくてできません。

汚れてしまったあとで、子どもに大声で怒鳴り散らすくらいならば、最初から「やらせない」のがいちばんですと、保護者にはアドバイスせざるを得ないかもしれません。想像画をかかせるときは、やはりある程度「部屋が汚れてもいい」という覚悟をもっておく必要があります。

場所は、子ども部屋やリビングよりも、ダイニングテーブルをおすすめします。事前にテーブルに新聞紙やビニール製のテーブルクロスを敷いておくと、ダメージが少なく、片づけも楽になります。

子どもの集中力はどれくらい続く？

実際、集中して絵をかく作業は、とても疲れます。30分も集中していれば、子どももヘトヘトになるはずです。

子どもは疲れてくると、「手を洗いたい」「おなかが空いた」「休憩はまだ？」といったことを口にします。

ここで無理矢理続けさせても、いい結

果は出ません。保護者には、こまめに休憩をとったり、糖分や水分を補給させたりすることをすすめましょう。学校ではないので、飴をなめたり、ガムを噛んだりしながらやらせるのも自由です。

絵をかくのが苦手です。どう指導すればいい？

かいて手本を見せるより、「声かけ」が大切

絵に苦手意識がある先生から、「自分は絵をかくのが苦手です。どう指導すればいいですか？」と質問を受けることがあります。想像画の指導において、絵が得意である必要はまったくありません。教師（大人）が絵をかくことが得意だからといって、子どもの絵が素晴らしいものになるとは限らないからです。指導する側の得意不得意と、絵の出来に因果関係や相関関係はない、と私は考えています。

自分が得意であることと、教えるのが得意であることはまったく別物です。これは他教科でも同様です。英語が堪能だからといって、教えるのが上手とは限りませんし、歌やピアノが得意だからといって、音楽指導がうまいとも限りません。自分自身が名選手である必要はありません。名伯楽をめざしましょう。

ちなみに、私は絵をかくのは嫌いではありませんが、子どもの前ではほとんどかきません。実際にかいて見本を見せるということもあまりしません。

実物を見せるよりも、子どもの想像力を引き出したり、どう工夫するともっとよくなるかを気づかせたりする「声かけ」が大切です。

また、保護者から「自分は絵が苦手なのでかけないけれど、家でもやらせてみたい」と相談されることがあるかもしれません。

家庭で行う際も、保護者が見本の絵をかく必要はありません。保護者にお願いしてほしいのは、絵をかく場所や、色画用紙、クレヨンなどを用意してもらうことです。

実際に練習する場合は、巻末のワークシートなどを活用してもらいましょう。その際、心がけたいのは、子どもが演習を行うのを見守ることです。苦手だからと言わず、一度、一緒にやってみてもらいましょう。簡単そうで意外と難しいこと、そして、やってみると、とても楽しいことを実感してもらえるはずです。

また、子どもが「本番」としてかいた作品については、トリミングなどのアイデアを取り入れているかどうかをポイントに、励ましてほしいことを伝えましょう。アイデアを積極的に取り入れているようなら、「さっき練習したトリミングだよね。さっそく使っているね」などとほめると、やる気につながります。

絵をかくのが得意です。指導の注意点は？

別のアイデアもどんどん取り入れよう

「苦手」の相談とは反対に、絵が得意で、指導にも自信があるという先生からは「7つの基本アイデア以外にも、いろいろな方法を取り入れても構いませんか？」と聞かれることもあります。

もちろんです。7つの基本アイデアは、すべてが絶対に必要というものではありません（今回、たまたま7つとしているだけです）。完全無欠なものでもありません。もっといいアイデアもたくさんあ

るでしょう。実践の中で積み重ねたアイデアはどんどん取り入れてください。

また、「トリミング」「引き伸ばし」といったネーミングも、そのまま使うか、名前を変えて使うかは自由です。例えば、引き伸ばしは「アップ」や「拡大」といったほうがわかりやすい場合もあります。

子どもと一緒に考えるのも楽しいでしょう。私もネーミングにはこだわらず、ケースバイケースで使っています。

子どもの作品を大人が手直ししてもいい？

「子どもがかいた作品を、大人が手直ししてもいいですか？」。これは、絵が得意な保護者の方からよく聞かれる質問です。

本書は、想像画のアイデアを紹介する本です。子どもの想像力と創造力を伸ばすことを目的としています。

従って、絵がうまいか、うまくないかは、ここでは問題にしていません。

プロの漫画家でも、ベタ塗りや背景などはアシスタントに任せることがあります。編集者から直しを加えられ、もっといい絵になることもあると聞きます。また、俳句や書道にも手直しはあります。

ですから私は、子ども自身が手直しを望んでいるのであれば、大人が手を加えても構わないと考えます。

ただし、ここで注意しなければいけないのは、手直しをして「納得」するのが誰かということです。手直しすることで、子どもが納得するのであれば、問題はありません。しかし、子どもが望んでいないのに、親が手を入れて「うまく」仕上げ、納得しようとしているのであれば、それは親の自己満足といえるでしょう。子どものためにはなりませんから、もちろん控えるべきではないでしょうか。

資料は見せる？見せない？

見ながらかかせたほうがよい場合もある

想像画をかくときに、「図鑑や本などを見てかかせたほうがいいですか？　見せないでかかせたほうがいいですか？」という質問もよく聞かれます。

これは、議論が分かれるテーマでしょう。実は私自身もまだ結論が出せずにいます。

想像画ですから、何も見ないでかかせたほうが想像がふくらみ、いい絵がかけるのかもしれません。

想像の世界の怪獣、妖怪、不思議ないきもの、宇宙人などでしたら、正解はありませんから、見ないでかくのが最適でしょう。

一方、想像画とはいえ、空想のいきものではなく、現実に存在するいきものをかく場合があります。

例えば、子どもがよくかくゾウやイルカです。人気があり、有名な動物ですが、いきなり「見ないでかきなさい」と言われると、大人でも難しいものです。

ゾウの場合、鼻を長くかくことはわかります。手足は太い。体は大きい。しかし、牙がどこに生えているのか、耳はどんなだったかといわれると、記憶が曖昧です。下手をすると、イノシシのような絵になってしまいます。イルカも同じです。顔の形や尾びれに注意してかかないと、魚と区別がつきません。

このように、「想像画だから見ないでかきなさい」と言われ、ゾウをかいたつもりがイノシシと言われたら、子どもはやはり傷つきます。

「本や図鑑を見てかきたい」

「ちょっとでいいから、確認したい」

こんなふうに言う子どもには、資料を見ながらかいてもらいたいものです。ここは、争う場面ではありません。

しかし、図工の時間になって、そこから資料を探したり、図書室に行かせたりすると、やはり収拾がつかなくなってしまいます。仮に本を借りてきても、今度は「やっぱり難しくてかけないや」ということになるかもしれません。

従って、扱う題材が難しい場合は、前もって保護者や子どもに知らせ、何をかきたいのか、かきたいものを決めて、参考となる本や図鑑、イラストや写真、資料などを当日持参させるといいでしょう。

当日資料を持ってくるのを忘れた場合は、授業開始までに参考になるものを用意させましょう。

パソコンでも、想像画はできますか?

パソコンでも想像画はつくることができる

学校によっては、図工の時間にお絵かきソフトなどを用いて絵をかくなどして、コンピュータに慣れ親しむ活動がある場合もあるでしょう。パソコンでも、想像画はつくることができるのでしょうか?

答えは「はい」です。

想像画は、パソコンを使ってかくこともできます。コンピュータでも個性豊かな想像画をつくることは可能です。

実際に取り組むときは、紙にかくときと同様、7つの基本アイデアを応用してください。特にトリミング、引き伸ばし、回転などは、コンピュータを用いたほうがむしろ取り組みやすいかもしれません。

使用するお絵かきソフトは、Windowsの「ペイント」など、最初から入っているもので十分です。

パソコンを使った想像画指導の留意点

まずは、子どもたちがマウスの操作に慣れているかどうかを確認しましょう。

試しに、ペイントで自分の名前を書いてみてください。鉛筆やペンで書くよりも難しいはずです。おそらく最初は誰でも、ミミズの這ったような線になるのではないでしょうか。これは、マウスで文字や絵をかくことに、私たちが慣れていないからです。

少し練習すれば慣れてきて、きれいな線がかけるようになります。

なお、ペンタブレットがあればマウス操作の慣れは不要ですが、費用がかかります。

また、学校によってはコンピュータが子ども2人に1台など、一人ひとりに行きわたらない場合もあるでしょう。

調べ学習などでは2人で1台でも十分という考えもあります。しかし、図工で絵をかかせる場合は、ちょっと厳しいのではないかというのが実感です。半分の子どもは「待ち」の状態になるので、別の課題が必要になりますし、全員が完成するのにも時間が倍かかるからです。

パソコンの台数が足りない場合は、紙の想像画をメインに考えるほうがよいでしょう。

最後は、囲まれた箇所を一気に塗りつ

ぶす「ペンキ」（windows の「ペイント」の場合）の機能についてです。

「ペンキ」は彩色に便利です。しかし、線でしっかり囲まれていないと、そこからはみ出して、背景などを塗りつぶしてしまう恐れがあります。

例えば、画面に○をかいて、その○を塗りつぶすつもりが、○をかく線が途切れていた場合、画面全体にペンキが浸ってしまいます。線が途切れないように囲むのは、子どもにとって、とても難しい作業です。画面を拡大表示して線が途切れている箇所を見つけ修復しなければ、思うように彩色ができません。

代案としては、「ペンキ」を用いない、囲みやすい「マジック」などで太く線描する、「ペンキ」ではなく、スプレーや筆などで彩色することなどが考えられます。

「パソコン想像画」作品の具体例

●作品名
「フタコンブラクダ」（小3／「動物×植物」より「ラクダ×昆布」）

「水ではなく、昆布をコブに蓄えて食べる。昆布が足りなくなったら、海に入る」

「ペンキの色がすぐにはみ出て大変だった。パソコンは、すぐにやり直せるのがいい」

- 黒の「クレヨン」でふちどりをして、ラクダをはっきりさせています。
- 昆布をかじる表情がおもしろいですね。デジタルの絵ですが、アナログ的な柔らかさが感じられます。

「フタコンブラクダ」ができるまで

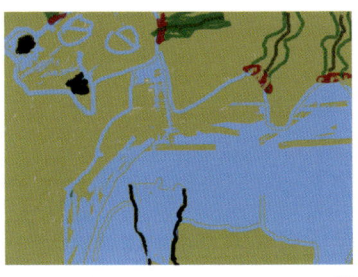

↑初めてパソコンでかいた絵。お題は「動物×植物」。フタコブラクダの音の響きから、昆布とかけ合わせることを思いつき、「ラクダ×昆布」のいきものに決定。背景は地味な色。メモスケッチや下がきなしで本番に挑戦した。線描と着色について、混同してしまうようだ。はみ出してしまうペンキの着色にも苦戦。道具が多く、慣れるまで時間がかかった。

↓気を取り直して、初めからやり直し。今度は道具ツールを「灰色」の「クレヨン」に限定して下がきをした。地味な色画用紙の代わりに地味な背景、トリミングや引き伸ばしに留意するなど、パソコン上でもやることは同じ。基本アイデアをそのまま生かした。

↑「灰色」の「クレヨン」による下がきがある程度できたところで、ペンキやスプレーなどで、彩色開始。ペンキで塗る場合は、しっかり囲めていれば、一瞬で塗ることができる。ただし、色がはみ出したとき、どこが囲めていなかったのか、探すのに時間がかかった。1枚を仕上げるのにかかった時間は、120分ほど。慣れれば、もっと早くできるかもしれない。

想像画の「鑑賞」は どう指導すればいい?

「なりきり」鑑賞で自己肯定感もアップ

想像画の鑑賞でおすすめしたいのは、「なりきり」鑑賞です。

「題名」や「気に入っているところ」を読み上げるような鑑賞ではありません。

想像画に登場させたキャラクターになりきっての自己紹介です。自分の作品を腹話術のように持って、お互いに話したり、聞いたりしましょう。聞く側もキャラクターになりきって、相づちを打ったり、質問したりします。

作品のキャラクターに愛着をもつようになるでしょう。

まずは、次のようなカードを作って、配ります。

ポイントは、「弱点」や「天敵」などのウィークポイントを決めておくことです。弱いところがあるからこそ、そのキャラクターがいっそう愛おしく思えます。完璧では、つまらないじゃありませんか。周囲のお友達も、そんな欠点や弱点を認めてくれるでしょう。

キャラクターだけではありません。私たち一人ひとりがそうです。弱いところがあるからこそ、いいのです。クラスがいい雰囲気に包まれるはずです。

「動物×植物」のいきもの　鑑賞カード

①いきものの名前　「　　　　　　　　　　　　　　　　　　」

②自分のこと　「　　　　　　　　　　　　　　　　」と呼ぶ

③口癖（くちぐせ）　「　　　　　　　　　　　」

④好物　「　　　　　　　　　　　」

⑤特技・必殺技　「　　　　　　　　　　」

⑥弱点・欠点・天敵　「　　　　　　　　　」

⑦ひとこと

「　　　　　　　　　　　　　　　　　　　　　」

⑧みんなからひとこと

「　　　　　　　　　　　　　　　　」（　　　　　）

「　　　　　　　　　　　　　　　　」（　　　　　）

「　　　　　　　　　　　　　　　　」（　　　　　）

子どもたちがそれぞれ自分のカードが書けたら、3〜4人組のグループをつくります。

例えば、次のようにキャラクターに「なりきって」自己紹介をしましょう。

「おいっす、あっしの名前は、カブキンリンだカブ〜」

「フムフム」（友達の相づち）

「ジュワジュワ」（友達の相づち）

「キュキュー」（友達の相づち）

「あっしの好物は、もちろん夜店で売っている、真っ赤なりんご飴だカブ〜。特技は、りんご飴のお手玉だカブ〜。苦手なものは、冷たいりんごジュースだカブ〜。飲むと、おなかが痛くなってしまうカブ〜」

「ジュワッハハハ、スイカ食ったカブトムシみたいだジュワ」（友達の相づち）

自分がつくった作品やキャラクターを好きになると、自分のことも好きになります。

また、作品やキャラクターのことをほめられると、自分自身がほめられ、認められたような気分になります。当然、子どもたちの自己肯定感も上がるでしょう。

すると、指導した先生方も嬉しくなって、先生方の自己肯定感まで上がります。「やってよかったな」と思うでしょう。

実際の「なりきり鑑賞会」の例

キャラクターに「なりきって」自己紹介中。やってみると、それほど恥ずかしくないことに気づく。自分を変えるのって、意外に簡単。

ワールドカフェ形式で、なりきり鑑賞会。自慢のキャラクターを紹介し合う。

想像画はどのように「評価」すればいい？

現行学習指導要領を踏まえた評価の例

文部科学省は、新学習指導要領（2017年度告示）の趣旨を反映した学習評価の基本的な考え方について、現時点（2019年1月現在）では指針を出していません。ですから、ここでは現行学習指導要領を踏まえて考えてみましょう。

図画工作科の評価は、4観点（造形への関心・意欲・態度、発想や構想の能力、創造的な技能、鑑賞の能力）です。現行学習指導要領の4観点で評価規準・評価方法を作成すると、例えば、次のようになるでしょう。

題材例『「動物×植物」のいきもの』の活動と評価規準例

時間目	ねらい・学習活動	評価規準				評価方法
		造形への関心・意欲・態度	発想や構想の能力	創造的な技能	鑑賞の能力	
1	ワークシートを用いた演習を行う。 アイデアスケッチを行う。		動物と植物をかけ合わせたいきものを想像し、どのように表そうか工夫している。			ワークシート／アイデアスケッチ
2	色画用紙に灰色クレヨンで「動物×植物」の下がきをする。	動物と植物をかけ合わせ、思いのまま絵に表す活動を楽しもうとしている。		トリミング、回転、アシンメトリーなどの技法を用いて、工夫している。		行動観察／作品
3〜4	描画材の使い方を工夫しながら着色する。仕上げる。			雰囲気が表れるように、材料や用具を使いながら表し方を工夫している。		行動観察／作品
5	出来上がった作品の紹介を行う。				作品について紹介し合い、それぞれのよさや表し方の特徴などをとらえている。	作品／作品紹介カード

評価のポイントは、事前に声かけしておく

　具体的な想像画の評価方法としては、子どもたちを観察し、対話をしたり、ワークシート、アイデアスケッチ、作品などの具体物を見取ったりする方法などが考えられます。

　当然のことですが、指導していないことを評価することはできません。指導したことを評価するのです。

　子どもたちには、各時間の前に、例えば、次のように声かけしておくとよいでしょう。

まだ間に合う！ 事前の声かけ例

1時間目

「動物×植物」をかけ合わせたいきものを考えます。例えば、「ライオン×ひまわり」です。

それぞれ、隣同士にかくのではありません。それでは「ライオン＋ひまわり」になってしまうからです。「×（かける）」ですから、ライオンとヒマワリをかけ合わせ、混ぜ合わせた絵をかきましょう。ここでは、きちんとかけ合わさっているかどうかを見ます。

2時間目

今日は、トリミング・引き伸ばし・回転・アシンメトリーの4つのアイデアを紹介しました。作品には、4つのアイデアのどれかひとつ以上を取り入れてみましょう。完成した作品は、そこを評価します。全部取り入れる必要はありませんが、必ずひとつは入れてみましょう。

3〜4時間目

今日は、クレヨンで色を塗ったり、背景をかいたりします。雰囲気がよく伝わるように、いきものは色画用紙の「地の色」が見えなくなるくらい濃く色を塗りましょう。色画用紙なので、背景は塗らなくても構いません。その代わり、いきものの魅力が伝わるようなしかけや飾りを工夫できるといいですね。

5時間目

今日は、完成したいきものの鑑賞会をします。まず、いきものの名前、長所や特技、口癖、自分のことをなんと呼ぶか、また、弱点や天敵などを考えましょう。弱点や欠点があると、そのいきものが、いっそう魅力的になります。

自己紹介のときは、腹話術をするようにいきものになりきって紹介してみましょう。お友達のいきもの紹介を聞くときも、なりきって聞きましょう。そして、欠点も、しっかり認めることが大切です。

「2回目」の想像画指導では何をかかせるといい？

テーマや内容を子どもたちに任せてみるのも手

実際に、7つの基本アイデアを使った想像画の指導に取り組んだ先生から、「1回目の指導では、今までにない個性的な迫力ある絵をかかせることができました。時期をおいて、2回目もまたやりたいのですが、どんな指導をすればいいですか？」と聞かれることがあります。

実際に取り組んでいただくと、意外と簡単に、楽しくできることを実感できるでしょう。

同じ子どもたちを対象に想像画をかかせるのであれば、7つの基本アイデアの演習をもう一度やる必要はありません。

ただし、年度が変わるなどして、初めて取り組むの子どもと2回目の子どもが混在する場合は、改めてワークシートにあるような演習を指導する必要があるでしょう。

同じ年度に2回目を行ったり、持ち上がりの学年で2回目の想像画をかかせたりする場合は、子どもたちはすでにコツをつかんでいる場合がほとんどですから、ある程度子どもに任せてみるのも手です。

実施の数週間前に告知しておけば、参考資料を集めたり、子どもが自らテーマを考えたりする時間ができます。例えば、次のように声かけしておきましょう。

まだ間に合う！ 事前の声かけ例

2週間後の図工で、想像画をかきます。テーマは「将来の自分」です。自分の就きたい職業、なりたい将来の自分の姿を想像して、大人になった自分を絵にします。今から、どんな職業になりたいか、考えておきましょう。

授業までに、参考になる資料を集めておきましょう。例えば、スポーツ選手になりたいと思ったら、そのユニフォームやボールなど。看護師になりたいと思ったら、ナース服やナースグッズなどです。

1か月後の図工で、想像画をかきます。お題は「読書の世界」です。自分の好きな本の世界を想像画で表現します。元にするのは、国語の教科書教材、図書室にある絵本、家で読んだ小説でも構いません。テーマも自分で考えましょう。大好きな場面を想像してかいても楽しいし、その世界に自分を登場させてもいいですね。内容をスライドさせて、ありえない設定でかいてもおもしろいでしょう。

中学校では どんな想像画指導ができる?

小学校ではできなかったことに挑戦させてみる

中学校においても、想像画を指導する場面はあるかもしれません。例えば、どんな想像画指導ができるでしょうか。考えてみましょう。

中学生になった子どもたちは、小学校ではできなかったことができるようになっています。

小学校ではできなかったことや避けていたことに挑戦させてみてはいかがでしょうか。例えば、あえて「小さい絵」や「細かい絵」を推奨してみるのもいいですね。

小学校では、原則として指導時間内に作品を仕上げねばならないという制約がありました。そのため、色塗りが面倒な細かい絵や小さい絵をかかせることは避ける傾向がありました。

一方、中学校では必ずしも時間内で仕上げる必要はなく、期日までに作品を提出すればいい場合があります。自由帳にかくような細かい絵であっても、本人が希望しているのであれば、かかせてみましょう。

また、パソコンを用いた想像画や、さまざまなモダンテクニックを用いた想像画もかけるようになるでしょう。

戦争、自然災害、人権、いじめ防止などをテーマとした想像画も、状況に応じてかかせる機会があるかもしれません。

その場合も、7つの基本アイデアを用いれば、創造力あふれる想像画がかけるはずです。

その他のよくある Q & A

Q 夏休みの自由課題や絵画コンクールなどにも、7つの基本アイデアは有効ですか?

A 本書は、コンクールで賞を取ることを目的にした本ではないので、明確に「有効です」と言うことはできません。

しかし、アイデアを応用して使うことは可能でしょう。保護者に質問を受けた場合などは、本書を紹介してみてはいかがでしょうか。

Q 子どもがかいた作品について、どうコメントしてよいかわかりません。

A 7つの基本アイデアなど、事前に指導したことについてコメントしましょう。それが、いちばんわかりやすいはずです。作品例についての筆者のコメントなども参考にしてください。

Q 隣のクラスの絵と明らかに差がついてしまいました。どうすればいいでしょうか。

A 図工の作品は、形になって残ります。廊下に掲示すれば、保護者は嫌でも他者や他クラスと比較するでしょう。

子どもの絵には個性があり、差があるのは当然です。しかし、この質問の場合、「クラス間で、明らかに目立った差がある」という意味だと察します。こうした目に見える差は、あまりよい結果を生みません。

好ましくない差が出ないようにするためには、最低でも学年間で事前に指導内容を押さえることが大切です。

学年の先生で、一緒に試作品をつくってみましょう。不安な点は、お互いに洗い出しておければベストです。

一方、「自分のクラスさえよければいい」という考えは、同僚の不信感につながります。他クラスの保護者も、いい気持ちはしないでしょう。

「自分のクラスだけ」ではなく、少なくとも学年全体で同じように取り組む姿勢が必要です。さらに、学校全体で取り組めれば、最高ですね。

図工の指導があまり得意でない先生には、すすんで見本を示したり、交換授業を提案したりするのもいいでしょう。

想像画は「創造画」

図工で想像画をかかせるのは、どうしてでしょうか？　1章でも紹介したように、新学習指導要領における図工の教科目標には「創造」という言葉が多く出てきます。この章では、これからの時代に求められる想像画指導について考えていきます。

再び、「想像画」は「創造画」

想像画で創造力を育成する

想像画はあくまで手段です。想像画をかかせることの目的は、絵をうまくすることでも、プロの画家やイラストレーターを育成することでもありません（もちろん、中にはそういう目的をもっている方がいらっしゃるかもしれません。それはそれで、とてもありがたいことです）。

想像画をかかせることの目的は、ひと言で言うならば、「創造力」を育成することでしょう。つまり、「クリエイト」のほうの創造をめざすということです。

創造するとは、どういうことでしょうか。想像画をかかせることで、なぜ創造力を育成することができるのでしょうか。

1章でも触れていますが、最終章である本章では、「想像画は創造画である」という切り口で述べていきます。

絵やイラストが中心のこれまでの章とは違い、少し内容が固くなってしまいますが、理論的な話や理屈っぽい話をしていきましょう。

想像上のいきもの「creature」は創造する「create」から

想像画は創造画であると言いましたが、なぜそうなのか、まずは語源から考えていきましょう。

最初は、英語の「創造する」の意味である「create」の語源です。

cre（成長する・増える） ＋ ate（〜にする） ➡ create（創造する）

関連して、「いきもの」と日本語で訳される creature があります。creature には、「創造主の想像によって、新しく創造されたいきもの」「想像上のいきもの」といった意味が付されています。

映画や漫画にも、「creature」として、この世にはいない、奇妙な形をしたいきものや、愛くるしい姿をしたいきものが新しく登場するシーンがあります。

つまり、想像（＝イマジネーション）によって、創造（＝クリエイト）されたのがクリーチャーだということです。

このように、create（創造する）の類語である creature（いきもの）には、「想像（imagination）によって生み出されたいきもの」「想像上のいきもの」という意味があることがわかります。

想像画をかかせる際、私が最初におすすめしているのが「動物×植物」のいきものです。「創造」体験が比較的容易にできるから、というのがその理由でした。

これは、図1のように、既存の生物をかけ合わせることにより、想像上の新しいいきもの（creature）を創造するということをやっているのです。

図1 （題材例）「動物×植物」のいきもの

かけ合わせた姿を想像する。

想像によって初めて創造されたまったく新しいいきもの（＝creature）が誕生する。

しかし、本当のねらいは、「創造力」の育成です。1章では「想像画は創造画？」と題して、「ソーゾー」という音の響きの話をしました。

「想像」と「創造」は音の響きが同じだから、イマジネーションのほうの「想像画」にも、クリエイトのほうの「創造画」が求められるという話です。

想像上のいきものである「creature」は、想像によって新しく創造されたいきものです。

英語でも、想像と創造が密接に絡み合っているところがおもしろいなと私は考えています。

→ 創造の「創」は「キズ」の意でよいのか

新学習指導要領に頻出する「創造」という言葉の意味についても考えてみましょう。創造する力は、AI やロボットにも取って代わられにくく、これからの子どもたちに最も求められる能力・資質のひとつだということで、昨今、大変注目を集めています。

創造とは広辞苑によると、「新たに造ること。新しいものを造りはじめること」とあります。

では、「創」という漢字、文字の意味は何でしょうか。右のうち二の意味はいいとして、一の傷（きず。以下、「キズ」と表記）というのは意外な感じがします。

刂（立刀）がつくからキズだというのは確かにわかります。しかし、相手や自分をキズつけて、それが新しく始めるこ

> 字義（新漢語林）
>
> 一①きずつける。またきずつく。
> 　②きず（傷）。きりきず。
>
> 二①はじめる。つくる。初めて作り出す。
> 　　初めて事を起こす。
> 　②はじめ③こりる（懲）。また、こらす。

とだとか、新しくつくることだと言われても、私の中では納得し難いものでした。相手や自分を痛めつけることが創造の語源だなんて、それを推奨するわけにはいかなかったのです。

この意味は、どの漢字辞典・字典にも同じように書いてあります。使い方としては次のようなものです。

> ①キズ・キズつける・キズつく
> ➡創傷、創痕、銃創、絆創膏
>
> ②新しくつくる、新しくはじめる
> ➡創作、創業、創始、草創、創立

ちなみに「創」は、形声文字といって、「倉」は「ソウ」という音を借りてきただけで、それ自体には意味がありません（いや、意味がある、とするならば会意文字となります）。

新しくつくる・はじめる「創」の本字は「㓝」

「創」には、本字（昔、使われていて、今は廃れてしまって使われなくなった字のこと）があります。「刅」（ソウ）と「㓝」（ソウ）です。

> 「刅」①キズ

刀や刃が由来となっていることがわかります（図2参照）。

> 「㓝」①キズ　②新しくつくる・はじめる
> 熟語 ➡ 㓝造、㓝意、㓝業

どうやら、偏にあたる「井」が、「つくる・はじめる」という意味に大きくかかわっているようです。

井戸の井（？）に刃物で「刅（キズ）」を加えることが、どうして「新しくつくる・はじめる」の意味になるのでしょうか。井戸水でも掘り当てたのでしょうか。

ここからは、7つの基本アイデアと一緒に掘り下げていきましょう。

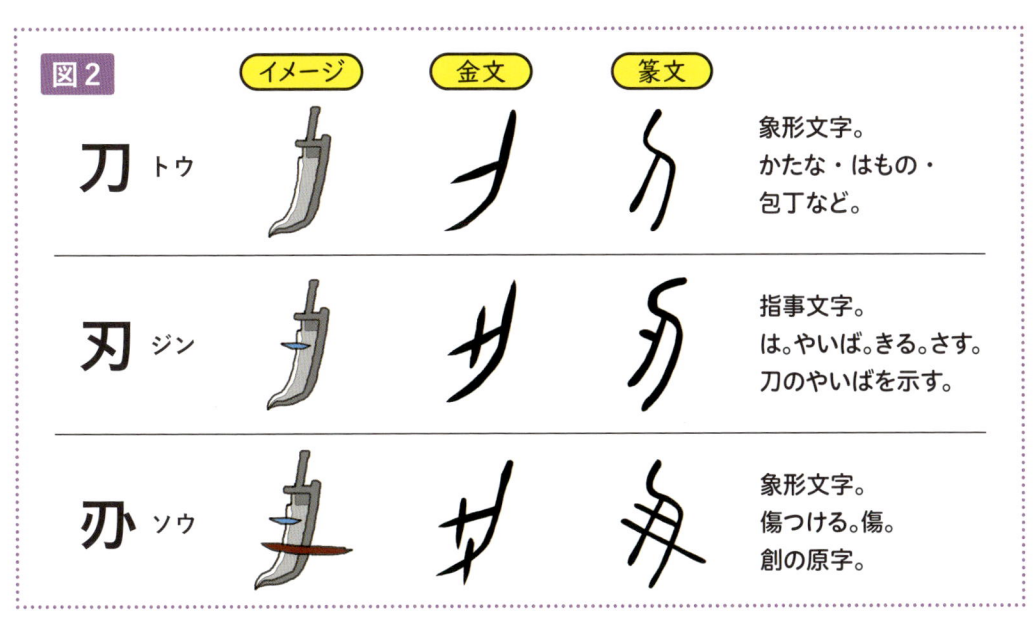

図2

	イメージ	金文	篆文	
刀 トゥ				象形文字。かたな・はもの・包丁など。
刃 ジン				指事文字。は。やいば。きる。さす。刀のやいばを示す。
刅 ソウ				象形文字。傷つける。傷。創の原字。

「地味な色画用紙」と創造力

「地味な色画用紙」で子どもの工夫を引き出す

地味な色画用紙のアイデアは、初任校で先輩から教えていただいたものを拠り所にしています。教員2年目、学年を組んでいたベテランの先生との交流授業を行ったときのことです。

国語や生活科の合科だったと記憶していますが、画用紙を貼り合わせて絵本をつくりました。

その際にベテランの先生は、白の画用紙の代わりに、地味な色画用紙を使用していました。子どもの手作り絵本に出てきたネズミの灰色やタヌキの黄土色が、濃くて暗い色の画用紙によく映えていたことを鮮明に覚えています。子どもに不人気の色画用紙を用意すること、クレヨンで濃く塗れば色合いがきれいになるこ

となどを、そのときに教わりました。

私も、早速マネをしてみました。

ただ、地味な色画用紙を用意しても、いつもの人気色があれば、子どもはそちらばかりに集中してしまいます。

そこで、人気色の色画用紙はあえて出さない、あるのは地味な色画用紙だけ、としました。教室は不満に包まれましたが、それらの色しかないのですから、子どもたちには我慢してもらいました。

すると、どうでしょう。子どもはそこから何とかして、自分の好きな色にしよう、明るくしようなどと工夫することがわかりました。

子ども自身の創意工夫を引き出すことができたのです。

「創」の字に込められた自由のニュアンスを表現する

創造の「創」には、自由のニュアンスがあります。「創意工夫」「独創的な発想」などで使われますね。

これは、「創」の本字である、「刅」の字の由来が関係しています。

「刅」は「井」（ケイ）と「刃」（ソウ）を組み合わせてできた文字です。「井」（ケイ）は首枷（くびかせ）という意味です。

ちなみに、井戸の「井（い・セイ・ショウ）」や、水がドボンと落ちたことが由来の「丼（ドン・どんぶり）」と後世で混合されますが、語源は異なるといわれています。

「井」（ケイ）は、木枠を挟み込むので、「幵」（ケイ）とも書きます。真ん中には首を入れる穴が空いていて、身動きがとれないようになっています。

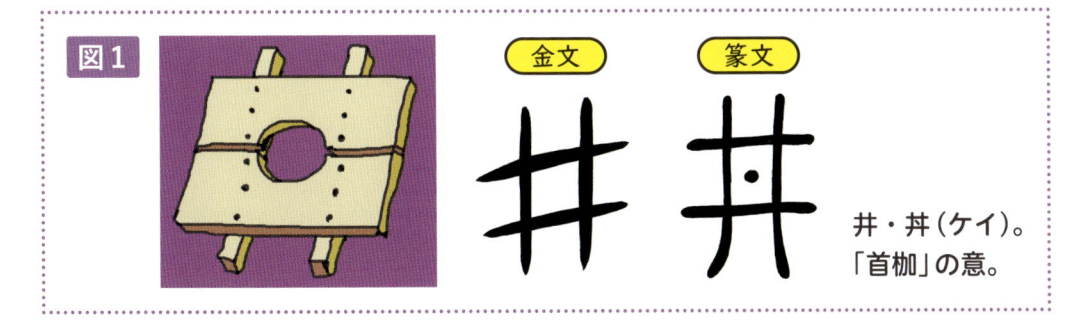

図1　金文　篆文　井・丼（ケイ）。「首枷」の意。

刅は、首枷をキズつける、こわす、引き裂くという意です。首枷が外れれば、新しい何かを始めることができるので、「刅める」（はじめる）の意となりました。

なお、察しがついたかもしれませんが、「刑」の字は、井（幵、幵）と刂（立刀）からできています。残酷ですが、首枷のついた首を刀で切り落とすという意だそうです。

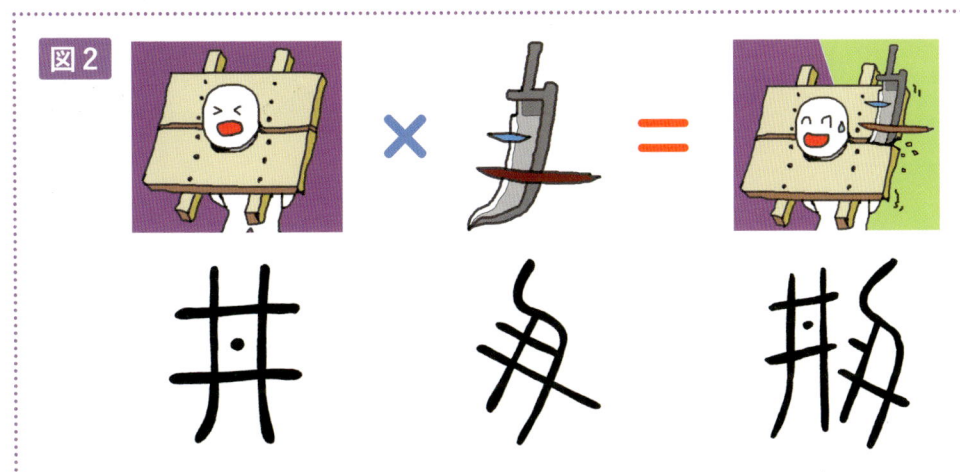

図2

井（首枷）× 刃（キズ）＝ 刅　　首枷を傷つけ、刅（はじ）める。
それまでなかったことを新しくはじめる ➡ 創（はじ）める

「刱」にはきっと、自由を求める思いもあったのではないかと私は想像します。

また、創造の「創」の「倉」（ソウ）は音を借りた形声文字ではなく、蔵や倉（くら。くらい、くろいの語源）などの奥深く暗いところを表し、そこにリ（立刀・りっとう）で掘り進めるという意味の会意文字だという説があります。暗いところを探った先に、光や明るい場所を求めたのかもしれません。このように、地味な色画用紙によって、私はむしろ「自由」や「明るさ」を求めています。

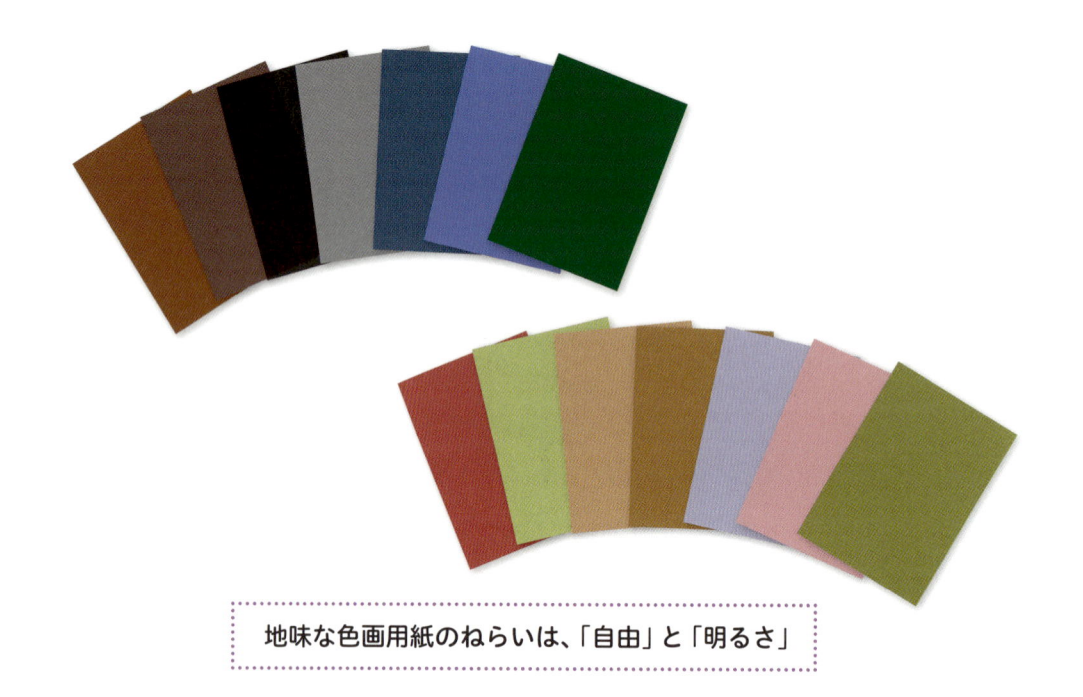

地味な色画用紙のねらいは、「自由」と「明るさ」

想像画は「創造画」

「灰色のクレヨン」と創造力

自己肯定感を損ねない「灰色ペンの指導」がルーツ

「灰色のクレヨン」のアイデアでキーワードとなるのは、「自尊心」や「自己肯定感」でしょう。

灰色を用いることで、子どもの自尊心を損なわずに、自己肯定感を高めることをねらいとしています。これは、私が日頃提案している「灰色ペンによるノート指導」と根っこは同じです。

灰色ペンの指導とは、各教科での指導場面で赤ペンや赤鉛筆の代わりに、灰色（グレー）のペンを使用するという指導アイデアです。灰色は、赤や黒に比べて明度が高いので、子どもが上からなぞりやすいのが特徴です。また、白と黒の中間の灰色ということで、いい意味で無個性。赤と違って、子どもや保護者の自尊感情を傷つけにくいのが利点です。

昔は、教師のペンと言えば、赤ペンでした。インクや芯が補充できる、太めのペン。私も赤ペンを初めて手にしたとき、教師になったという実感が込み上げ、嬉しくてたまらなかったのをよく覚えています。赤は目立つ色であると同時に、「興奮する色」「刺激が強い色」とも言われます。時に、反発や抵抗を誘発するのです。事実、赤字で直すと、中には傷つく子どももいます。ノートに赤を入れようとすると、「×をつけないで！」「今から直すから、赤で直さないで！」と激しく抵抗する子どももいるのです。

「間違えたのだから、赤で直すのは当たり前。それが教育だ」

「赤のほうが、記憶に残る。消してしまったら、記憶に残らない」

こちらはそう思うのですが、それは教師の都合なのかもしれません。クラスにはいろいろな子どもがいるので、赤で直されることを嫌がる子どもがいるという事実は受け入れなければならないと感じました。

赤色のペンは花丸や100点満点に使おう

そこで生み出したアイデアが「灰色ペ　　　ン」を使った指導です。

- 子どものノートやプリントなどに、灰色ペンで文字や図をかく。
- 習った漢字を間違えたら、隣に正しい文字を書く。
- 算数であれば、図にヒントの補助線を入れる。赤で入れると、ヒントというより「直し」になってしまいがち。灰色ならば、子どものプライドを傷つけずに済み、自分でひらめいたように思わせることができる。
- 灰色は、刺激が少なく、また鉛筆で上からなぞるのに適しているので、反発せずに子どもは誤りを受け入れ、直したり、上からなぞったりする。

イメージ①　「赤」のペンで直そうとすると、子どもによっては……。

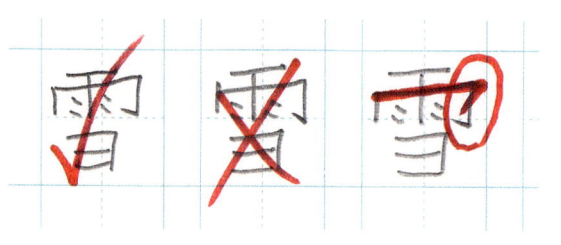

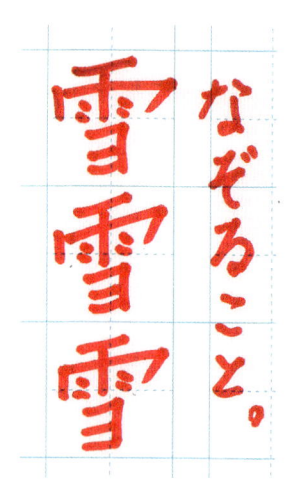

「やめて」　「×をつけないで！」
「お願いだから、赤で直さないで！」
「わかったから、やめて！！」

イメージ②　目立たない、刺激の少ない「灰色」のペンで直すと……。

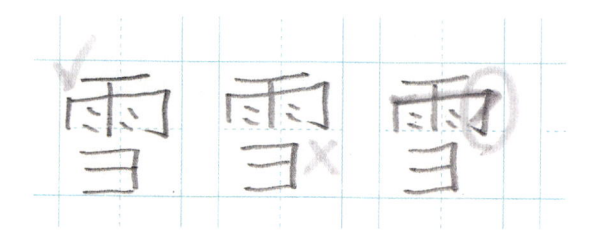

- 自尊心を傷つけにくい。
- 指導内容を素直に受け入れやすい。
- 子どもが自ら直したくなる。なぞりたくなる。

第5章　想像画は「創造画」

なお、赤色のペンは、肯定的評価の場面で、大いに使うべきでしょう。花丸、100点満点、「たいへんよくできました」などです。

ちなみに私は、想像画の指導で、子どものかいている絵に赤を入れるということはしません。

しかし、どうしても手が止まって動かない子に対し、子どもに断りを入れたうえで、灰色のクレヨンで薄く「これくらい大きく」などと指導することはあります。灰色クレヨンは塗りつぶすことも、

消しゴムで消すこともできるので、子どもの自尊心を傷つける恐れも少ないのではないでしょうか。

創造の「創」は「刅」が元になった字であり、「キズ」の意があると触れました。創造的な想像画はときに、相手や自分をも傷つける恐れがあります。子どもも「失敗した」「キズついた」と思うことがしばしあるでしょう。そんなとき、灰色クレヨンは創（キズ）をふさぐ「絆創膏」であってほしいなと思います。

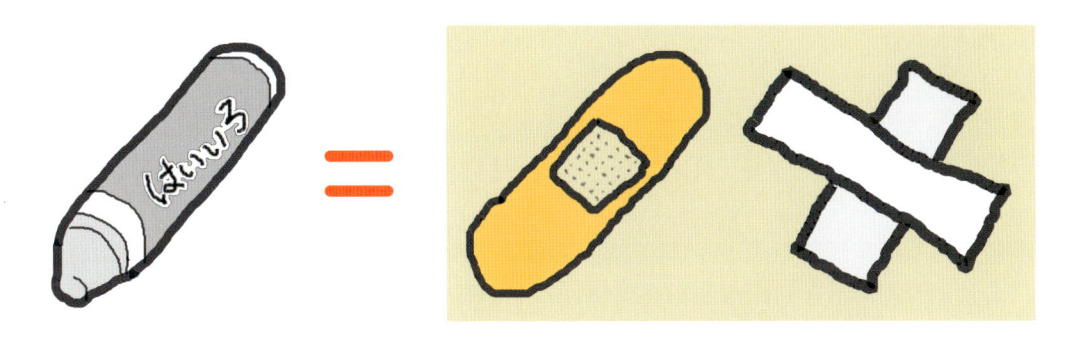

灰色のクレヨンは、「創（キズ）」をふさぐ「絆創膏」

「トリミング」「引き伸ばし」と創造力

想像画は「創造画」

「トリミング」「引き伸ばし」と創造力

「トリミング」「引き伸ばし」で独創的な視点を鍛える

トリミング・引き伸ばしのアイデアのキーワードは、「枠外」です。

ある一部にスポットライトという枠を当てた、その枠外にあたる部分をあえて削るのがトリミング。そして、枠自体をはみ出るくらい大きくしてしまうのが、引き伸ばしです。

いずれも、前述の初任校で同学年を組んだ先輩教師から教わりました。

トリミング・引き伸ばしという言葉は使っていませんが、「画用紙からはみ出すようにかく」ということです。

画用紙という枠にいかに「きれいに納めるか」を考えていた自分にとって、「画用紙からはみ出してもいい」というのは、とても新鮮で、衝撃的でした。

その後、机にかいてしまっても構わない、はみ出して戻ってくる、などいろいろな遊びができることがわかってきました。

「大きくかきなさい」と言うより、「はみ出すように」「タテ・ヨコ○倍で」などと声をかけたほうが、結果として引き伸ばされたような大きな絵になるということもわかりました。

何にスポットライトを当てて大きくするかは、子どもの自由です。子どもの自由な視点、想像力にかかわるものです。

ですから、トリミング・引き伸ばしによって大きくなった絵は、全体を俯瞰した絵よりも、子どもの見方・考え方がこちらにダイレクトに伝わります。

トリミング・引き伸ばしをすることによって、独創的な視点という創造力を鍛えているのです。

めざすのは「枠からはみ出す」ような作品づくり

さて、創造力の「創」という字のもとになった字は「刱」であると、繰り返し述べてきました。

「刱」は、井（丼）と㓞がかけ合わさった文字です。

井には、首枷という意味のほかに、「鋳型」（いがた）の意味があります。鋳型というのは、たこ焼きや鯛焼きを焼く型をイメージするとわかりやすいでしょう。

古代中国では、外回りの枠に「井」の形をした木枠を使っていました。木枠の内側に砂を入れて型を作り、上下の木枠

で挟み込み、間に熱した金属を流し込みます。金属が冷えて固まるまで、木枠は 固定する必要があります（図1）。

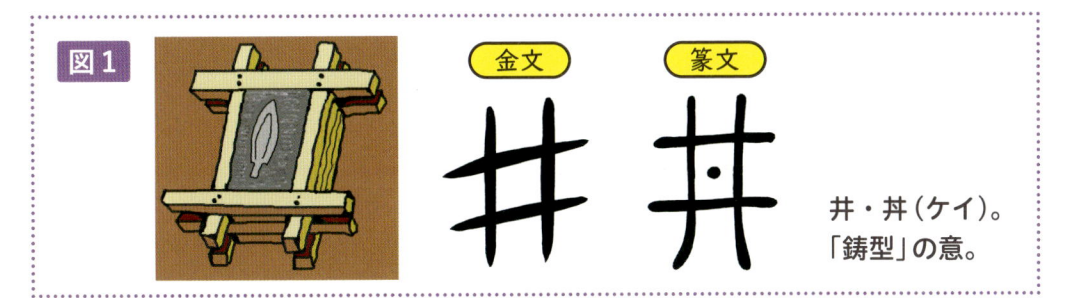

図1

| 金文 | 篆文 |

井・丼（ケイ）。「鋳型」の意。

　さて、鋳型は木枠でがっちりと固定されていますから、中身の作品を取り出す には、木枠を外さねばなりません（図2）。

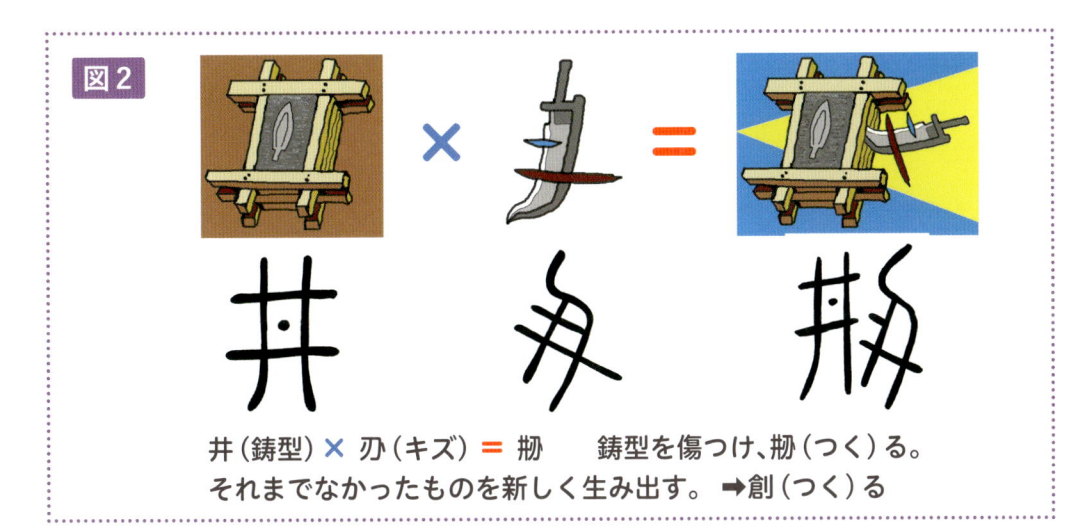

図2

井（鋳型）× 刃（キズ）= 刱　鋳型を傷つけ、刱（つく）る。
それまでなかったものを新しく生み出す。➡創（つく）る

　そうです。刃物で木枠を傷つける必要があるのです。ここから「刱」という字が生まれたとも言われています。つまり、鋳型を裂く様子を表した文字だということです。

「どのようにできただろう？」

「うまくできたかな？」

　先人たちはきっと、ドキドキわくわくしながら、鋳型に刃（キズ）を入れたのだと思います。パカッと開いたときが、想像力と創造力がピークになった瞬間でしょう。

　中には、枠の外に「ばり（はみ出した余分な部分）」がたくさん残る作品もあ ったのではないかと想像します。今でも、特異な創造的能力をもつ人のことを「枠に収まりきらない人」、創造力あふれる考えのことを「型破りな発想」などと表現しますね。なお、「型」の字は、このとき地面に置いた鋳型が由来です。

　さて、前置きが長くなりましたが、このように「枠からはみ出すこと」ことが、「トリミング」と「引き伸ばし」でめざしていることなのです。

　画用紙という枠に収まらない、型破りな作品がたくさん生まれることを願っています。

「回転」「アシンメトリー」と創造力

「回転」で作品に新しい視点、見方・考え方を加える

「回転」と「アシンメトリー」は、動きや表情を生み出すためのアイデアとして紹介しました。

ここでは、両者と創造力の育成について考えていきましょう。

まずは、「回転」についてです。

回転は、画用紙・対象物・地面や背景などを、意図的にちょっと傾けてみるというアイデアでした。いろいろなものを「回転」させることで、絵に動きや表情があるように感じ、ストーリーが生まれやすくなります。

写真が好きな友人がいます。

「カメラをちょっと傾けて撮ると、おもしろい写真になるよ」

「あえて地面を傾けてもいい」

このアイデアは、そんな言葉をヒントに思いついたものです。

回転のキーワードは、「新しい視点」。視点というのは、「視線の注がれるところ。また、ものを見る立場。観点」（広辞苑）のことです。

昨今、私たちには、さまざまな「視点」が求められているようです。列挙しましょう。

- ● 主体的・対話的で深い学びの視点
- ● アクティブ・ラーニングの視点
- ● 造形的な視点
- ● 物事を捉える視点
- ● 学習活動を改善する視点
- ● 改善・充実させていくための視点
- ● 教科横断的な視点
- ● 形や色、イメージなどの視点
- ● 多様な視点

（「次期学習指導要領等に向けたこれまでの審議のまとめ」文部科学省 平成28年8月／「新しい学習指導要領の考え方」文部科学省 平成29年9月より抜粋）

……と、文字どおり、多様な視点が求められています。いったい、いくつのカメラワークが必要なのでしょう。「あれもこれも」求めるというのは実際のところ、難しいものです。

回転のアイデアの場合、徹頭徹尾、目

に見える「モノ」を回転させます。カメラワークを変える作業をします。

しかし、「モノ」を回転させることによって最も動かされているのは、絵の中の景色やキャラクターではありません。私たちのほうです。

絵をかいている途中で子ども自身が揺り動かされ、その絵を指導する過程で教師が揺さぶられ、鑑賞の時間で絵を見る者の心が動かされます。

例えば、地面を回転させ、角度を加えることで、地面が坂道になります。すると、登ったり、滑り落ちたりするストーリーができます。

「地面を回転させて、傾けてみた。そうしたら、坂道を登っているみたいになった」
「へえ、カメが坂道を登っているの。なんで？」
「うーん。追いかけているのかもしれない」

「追いかけているの。誰を？」
「カメが追いかけているのは、ウサギだ」
「ああ、なるほど。ウサギとカメね。画用紙の中には見えないけど、先に走っているんですね。ウサギってどんなウサギなのでしょうね？」
「ええと……」

モノを回転させることによって、子どもたちの想像がふくらみます。

回転を通じて、新しい視点、見方・考え方が加わるのです。
「スマホウサギだ！　ガラパゴスケータイゾウガメの先を行くのは、スマホウサギだ」

まだ見ぬスマホウサギに、子どもたちは大はしゃぎです。想像はさらにふくらみ、その後、「スマホウサギ」という新しいいきものが生まれました。

新しい作品が創造されたのです。

✒ 「一歩」を踏み出すことでアシンメトリーが生まれる

「アシンメトリー」についても考えてみましょう。

左右非対称、左右のアンバランスを意味するアシンメトリーですが、そのキーワードは「はじめの一歩」です。

カメがその脚で、一歩を踏むこと。人間が一歩を踏み出すこと。いずれも、歩くということは、体をどこかの方向へ傾けるということです。いったんバランスを崩すということです。

ひとつの脚（足）を上げ、体を前へと傾ければ、当然体は前のめりになります。

アンバランスの状態です。このままでは転倒してしまいますから、別の足（脚）を前に出します。歩くという基本的な動きひとつとってみても、バランスを崩していることがわかります。

裏を返すと、絵に動きを加えたければ、いったんそのバランスを崩す必要があるのです。

両足でしっかりと地面を踏んでいるのであれば、片足を上げる必要があります。このとき、左右は不均衡になっています。これがアシンメトリーの状態です。

一度安定を崩すことは、新たな安定につながる

私たちは、基本的に、安定を好みます。視界良好で平らな地面。根を張った太い樹木。家の床がちょっとでも傾いていたとしたら、大丈夫だろうかと不安になり、気分が悪くなったり、体調を崩したりしてしまうものです。

想像の絵の中だって、きっとそうでしょう。図工の時間に絵をかかせるとき、子どもが緊張していることがあります。緊張していると、やっぱり萎縮したような、バランスはいいけれども縮こまったような絵になることが多いなと、指導の中で感じていました。

子どもたちは不安でたまらないのです。不安になれば、安定を求めようとします。絵にも安定が表出されるのは、当然のことです。

そんな安定をあえて、崩してみます。しかし、はじめの一歩を踏み出すのには、それが絵であっても、勇気が要ることです。2章で述べたように、ある部分が左右非対称でバランスが取れていなくても、ほかの部分でバランスを取ろうとする無意識が働きます。

一歩を踏み出して、バランスが悪くなって倒れる前に、次の一歩を出したり、腕や頭でバランスを取ったりします。

万が一倒れても、受け身を取ろうとしたり、手を前に出して頭を守ったりします。

絵もそれと似ていて、どこかでバランスを崩しても、ほかの箇所で補い合うものです。そして、最終的には動きや表情を含みつつ、全体としてバランスを取った絵になるのです。

このように、アシンメトリーのアイデアは子どもたちの不安と向き合うなかで創出されたアイデアです。

向き合う中で、創造の過程で、キズついてしまう場面もあるかもしれません。自分がキズつくのも、誰かをキズつけるのも、できれば避けたいところなので、これからも指導方法を工夫していきたいと思っています。

「刅」にも「一（いち・はじめ・はじまり）」の意味があった

さて、キズの話が出たところで、また創造の「創」の字に戻りましょう。「創」の本字は、キズを意味する「刅（ソウ）」や、新しくつくる・はじまるの意の「剏（ソウ）」であると先に述べました。「刅」や「剏」の字の「刀」（トウ・かたな）には「、（てん）」のような印が2つついています。これにはいったい、どんな意味があるのでしょうか。

刀（トウ・かたな）は、2画目の「はらい」に一つ印がついて、刃（ジン・は）になります（図1）。

刃先についた印は、「ここが刀のやいばの部分ですよ」と示していると言われています。刃は象形文字の性格をもつ、指事文字です。指事文字とは、抽象概念

を表す漢字のことで、刃のほかにも、上・下・本・八などがあります。

刀の刃によるキズが「刅」だと述べました。図1を再度、見てみましょう。刃についているもうひとつの印、これがキズです。

そして、これは確かにキズであるが、同時に、「一（いち）」を加えたものだともいうのです。漢数字の「一」です。

言われてみると、確かに「一」に見えなくもありません。

「一」は、「はじめ・はじまり」に通じます。いちばん最初に刀を入れることを「一刀」といいます。最近では、鉄道開通式のテープカット、結婚式披露宴のケーキ入刀

なども、刃物を入れる一刀で、新しいはじまりを意味していると言えるでしょう。

さて、こう考えてみると、創造の「創」の本字である「刱」（ソウ・つくる・はじめる）になってから、「はじめる・はじまる」の意味が始まったのではなく、「刅」の時点で、すでに「一（いち・はじめ・はじまり）」の意味があったと言えそうですね。

回転やアシンメトリーによって、傾いた一本の線。クレヨンの一刀で話がはじまり、はじめの一歩で物語が動き出すということ。想像が膨らみ、創造力に富んだ作品ができあがるということ。

なんて素敵なんだろうと思います。

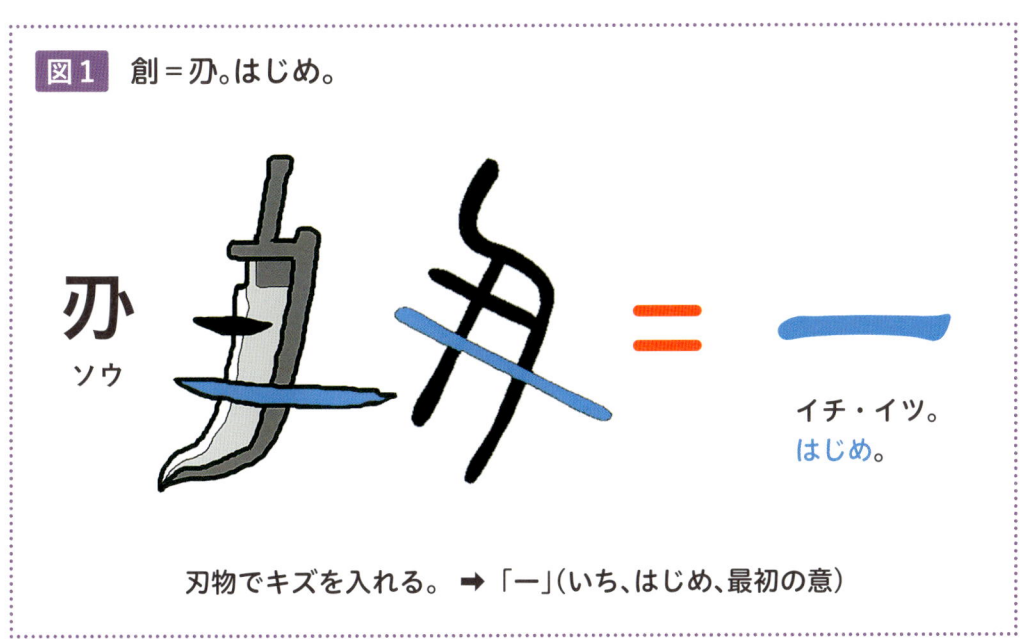

図1　創＝刅。はじめ。

刅
ソウ

＝

一

イチ・イツ。
はじめ。

刃物でキズを入れる。　➡　「一」（いち、はじめ、最初の意）

「ふちどり」と創造力

「ふちどり」で見てもらいたいところを「焦点化」する

ふちどりのアイデアは、創造的な想像画（＝「創造画」）と特に相性がいいアイデアです。

ふちどりのキーワードは「焦点化」。焦点化とは、ピントを合わせることをいいます。

ピントは、カメラ・顕微鏡・望遠鏡などのレンズの「焦点」のことで punt というオランダ語が由来です。英語では focus（フォーカス）といいます。現像した写真や、撮影した映像は、その焦点が合うことで、はっきりくっきりと私たちの目に映って見えます。

反対に、焦点が合っておらず、ぼんやりしていることを「ピント（フォーカス）が合わない」「ピントがブレている」「ピンぼけ」などと表現することがあります。

みなさんも、一度は耳にしたこともあるのではないでしょうか。

理科の顕微鏡を用いた観察学習では、焦点を合わせる練習をします。レンズの倍率を変えたり、見たい対象物を真ん中に集めたりしたら、最後にピントを調整する作業のことです。ピントを上手に合わせるのにはコツがあって、慣れることが何より大切です。

レンズの焦点は、その字の如く、「モノを焦（こ）がす点」です。虫眼鏡などのレンズで太陽の光を集め、焦点の先の黒丸を焦がしてみた、そんな経験があるのではないでしょうか。

慣れるまでが大変な、レンズの焦点合わせ。この面倒な焦点を自動的に検出することを「オートフォーカス」といいます。最新のカメラやビデオカメラ、そしてスマートフォンにも焦点検出機能、オートフォーカスが付属しています。

創造画における「ふちどり」は、この「焦点化」がキーワードです。

黒などで太く「ふちどり」をすることによって、「見てもらいたいのは、ここですよ」「強調したいのは、この部分ですよ」という強力なメッセージを、見る側に明確に伝えることができます。

見る側が「どの作品を見ようか」「作品のどこに注意して見ようか」などと、焦点を合わせることにほんの一瞬でも迷ったとき、ふちどりを施した絵のほうが先んじて、「ほら、ここですよ」と訴えるのです。

いわば、作品が自ら「オートフォーカス」を実行しているとも言えるでしょう。

個性的・独創的な絵の共通点

「この絵は個性的ですね」

「独創的で、つい目を引きますね」

　廊下に並んだ絵や、作品展などで並んだ絵を見た方が、しばしばそんなことを口にします。

　個性的・独創的だと肯定的に評価される絵には、いったいどんな特徴（特長）があるのだろうか。そこには、共通性や普遍性はないだろうか。独創的なだけに、唯一無二のものであって、マネは一切できないものなのだろうか。

　そのいいところ、エッセンスを何とかして、うまく抽出できないものだろうか。抽出できるならば、その指導もできるはず……。

　そんな理由で、私は個性的で独創的な絵というものに、とても興味をもちました

た。みんなが同じように、特定の絵を「個性的」「独創的」だと言うならば、そこには何かしら、ヒミツがあるに違いありません。そのヒミツを解いてみたくなったのです。

　図1を見てください。視力検査のようなイメージ図です。

　アルファベットのCのようなマーク（「ランドルト環」というそうです）が並んでいます。ランドルト環は6つありますが、私があらかじめ、そのうちひとつにピントを合わせておきました。

　自然と、ピントの合っている右列の中央のランドルト環に目がいったのではないでしょうか。そして、ランドルト環が指し示す先は、上（↑）だとわかります。

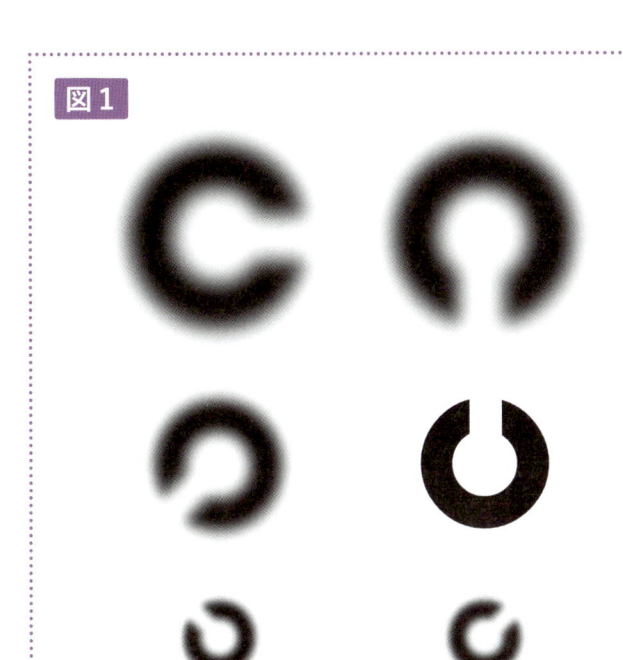

図1

①どこを見るべきか、わかる（右列の中央）。

②どこを向いているか、わかる（上⬆）。

はっきりしている（＝フォーカスされている）ところに、人の注意は向かいやすいことがわかる。

定義は人それぞれですが、個性的で独創的な絵とは、視線が集まりやすい絵、焦点化された絵、自らオートフォーカスしている絵であると言えるのではないでしょうか。

絵をかいた本人がそれを意識していたのか、していなかったのか、私にはわかりかねます。

しかし、個性的で独創的だと言われる絵には、ふちどりがされていることが多いことに気づきました。

そうであるならば、意図してふちどりをしてみれば、個性的な絵、独創的な絵に近づくことができるかもしれない、そう考えたのです。

本書の掲載作品について、個性的・独創的な絵が多いなと感じた方がいらっしゃったとしたら、それは特に「ふちどり」によるものかもしれません。私も、個性的・独創的な絵になることを願って、子どもたちにはふちどりを意図して指導しています。

ふちどりの際の色、太さ、配色については2章で述べたとおりです。「創造力を育成したい」と思ったときに、ふちどりが参考になれば幸いです。

創造とは、頭の中で想像したものを、実際に形にすること

続いて、図2を見てください。自分の頭の中で、ぼんやりと想像しただけのイメージは、焦点の合わないランドルト環のようにぼやけています。

自分自身がぼんやりとしかイメージできていないものは、それを伝えたい相手に対しても、明確に伝わるはずはありません。

図2
ぼんやりと想像しただけでは、わからない。
自分自身、よくわからない。
ましてや、相手には伝わらない。

図3
想像したことを、くっきりと明確化する。
自分自身、はっきりとわかる。
相手にも伝わる。

では、図3だったら、どうでしょうか。自分が想像したことについて、ピントを合わせてみました。くっきりはっきりしています。イメージが明確なので、相手に伝えることができます。相手にも伝わるはずです。

自信がないから、うまく伝えられないのではありません。はっきりしているから、自信があるように見えるのです。自己肯定感は、そうやって育成していくのだと私は思っています。

創造とは、頭の中で想像したものを、実際に形にすることであると私は考えています。つまり、具現化することです。「これから先、子どもたちの将来は、先が見えにくい」

「変化が激しく、予測が困難な時代となる」

昨今は、そんな言葉を多く耳にします。想像できないから、ぼやけている、それで困っているということです。

一方で、「未来を予測する最善の方法」は、「それを発明することだ」とか、「それを創造すればいい」と言う人もいます。「想像し、創造できる人」も確実にいるのです。

私たちも、そうなりたいではありませんか。まずは、素晴らしい将来や素敵な未来を想像してみる。イメージがぼんやりしているならば、ふちどってみればいいのです。

自己肯定感と創造力にあふれる子どもたちを一緒に育てていきましょう。

想像画は「創造画」

想像画を創ることで、社会をよりよくする

「なぜ想像画をかくのか？」次期学習指導要領から考える

　６月。神奈川県立総合教育センターにおける小学校授業力研修でのこと。

　研修テーマは「指導方法の工夫改善」。大講堂で教職３年目の先生方を前に、私は教科として図工を取り上げ、想像画の講義を行いました。

　私のもち時間は約40分。本書で紹介した内容の短縮版です。机のない聴講用の講堂ですから、本格的な絵をかくことはもちろんできません。

　短時間なので、大事なポイントだけに絞り、トリミング、引き伸ばし、回転、アシンメトリーなどの演習を、レジュメの余白にメモするような形で行いました。
「あれ？」
「意外と難しいですね……」
「こうですかね？」
「やった、できた！」

　悲鳴にも喚声にも似た声が館内に充満します。
「いかがですか、難しかったですか？そうですか。いいんですよ、難しくても」

　そして、まとめの説明に入ります。
「このあと、先生方には分科会会場で、実際に想像画をかいていただきます。最初にもお話ししたとおり、分科会のお題は『動物×植物』のいきものです。×（かける）ですから、それぞれをかけ合わせて、新しいいきものを創ってください。今回は会場と人数の都合で、色画用紙やクレヨンの用意ができないので、Ａ３の白い紙と、カラーペンで、できるところまでかいていただきます」

　そして、次のように問いかけました。
「今日は図工、それも想像画をテーマにお話ししました。ではみなさん、そもそも何のために、このあと分科会で想像画をかくのでしょうか？」

　なぜわざわざ、難しいテーマである想像画をかくのでしょうか。しかもその想像画は、創造的な絵でなくてはならないのでしょうか。

　私なりに解釈し、研修では以下のように説明しました。
「それは、文部科学省の審議のまとめの言葉を借りるならば、『社会をよりよくするため』です。

　ああでもない、こうでもないと悩み、とても難しいと感じた方もいるかもしれません。なぜ、難しいのでしょうか。それは、今までの世の中にはない、まったく新しい価値を創り出そうと頑張ってい

るからです。

　ですから、簡単にできなくてもいいのです。こうやって、新しい価値を創ろうと先生方が必死で努力していることは、そのまま世の中をよりよくしようとすることにつながっています。

　紙1枚に、ただ絵をかいているだけではありません。今みなさんは、世の中に創造の種をひとつ蒔きました。このことに、大きな価値があるのではないでしょうか。この姿勢が、子どもたちに伝わらないはずはありません。私はそう思います」

　先生方が創造的な絵をかこうとすることが、すでに、よりよい新しい未来を創ることにつながっているのです。

参考資料

次期学習指導要領等に向けたこれまでの審議のまとめ（案）より抜粋
平成28年8月　文部科学省
「2030年の社会と子供たちの未来」

（予測困難な時代に、一人一人が未来の創り手となる）

○このように、予測できない未来に対応するためには、社会の変化に受け身で対処するのではなく、主体的に向き合って関わり合い、その過程を通して、一人一人が自らの可能性を最大限に発揮し、よりよい社会と幸福な人生を自ら創り出していけるようになることが重要である。これから子供たちが活躍する未来で一人一人に求められるのは、解き方があらかじめ定まった問題を効率的に解いたり、定められた手続を効率的にこなしたりすることにとどまらず、直面する様々な変化を柔軟に受け止め、感性を豊かに働かせながら、どのような未来を創っていくのか、どのように社会や人生をよりよいものにしていくのかを考え、主体的に学び続けて自ら能力を引き出し、自分なりに試行錯誤したり、多様な他者と協働したりして、新たな価値を生み出していくことであると考えられる。

（学校教育への期待と教育課程の改善）

○学校教育がその強みを発揮し、一人一人の可能性を引き出して豊かな人生を実現し、個々のキャリア形成を促し、社会の活力につなげていくことが、社会的な要請ともなっている。教育界には、変化が激しく将来の予測が困難な時代にあってこそ、子供たちが自信を持って自分の人生を切り拓き、よりよい社会を創り出していくことができるよう、必要な力を確実に育んでいくことが求められている。

※下線、赤字は筆者加筆。

「回転」「アシンメトリー」他教科での応用例

「回転」「アシメトリー」で紹介した、目に見える形で回転やアシンメトリーを加えるアイデアは、図工はもちろん、他教科でも応用できます。

ここでは、「回転」「アシンメトリー」を使ったカリキュラム・マネジメントのアイデアを紹介します。

創造力を培う機会として、スキマ時間などに楽しんでみてはいかがでしょうか。

国語・生活・社会・図工など

● 紙を 180°回転させて、「逆さお絵かき」「逆さ文字書き」
● 紙を半分に折って、左右対称に「鏡文字お絵かき」「鏡文字書き」
● 利き手の反対（右利きならば、左手で）で「左手お絵かき」「左手文字書き」

> **鏡文字による名前の書き方（例）**
> ①いつものように名前を書く。
> ②その隣に、鏡文字を書く。
> 　横書きの場合、上下に並べて書く。

経験則ですが、これらを行っていると、子どもの文字や絵がとても上手になります。それまで使っていた脳とは別の部分のスイッチが入るからでしょうか。

> **スキマ時間に創造力を養う指導例**
>
> 「〇〇が終わった子は、プリントの裏に、
> ①利き手と反対の手で　②鏡文字で　③上下逆さまに
> ④横向きに　⑤両手シンメトリー（左右対称）に　⑥回転対称に、
> 字を書いてみましょう（絵をかいてみましょう）」

右利きの場合

①利き手と反対の手で

②鏡文字で

③上下逆さまに

④横向きに　⑤両手シンメトリーに　⑤回転対称に

国語・モジュール音読

● 教科書や音読集を逆さまや横向きに持って読む。

　文字を追うのではなく、1文や1ページを画像スキャンするように。慣れてくると、速く読めるようになります。

社会

● 地図帳を回転させて授業に臨む（新鮮に感じます。地政学の学習にもなります）。
● 世界地図を逆さに教室に掲示する（実際、オーストラリアのお土産にあります）。

算数

● 教科書やプリントを回転したり、逆さにしたりして図形の問題などを解く。
● ミニ定規でお絵かきをする。定規やノートを自由に回転させながら。

体育

● 利き手と反対でドリブル・パス・シュート（大事なことです）。
● アシンメトリー器械体操（片手での跳び箱・鉄棒など）。
● 逆さジャングルジム登り・降り（バランス感覚を養います）。
● 逆さ雲梯登り・降り（バランス感覚を養います）。

音楽

● 利き手と反対の手で演奏（これくらい簡単、と返されますが）。
● 両手で演奏（オクターブ奏法で）。
● 両手クロス（猫ふんじゃったのように、両手を交差させて）。
● 鍵盤横向き（発表会では横向きの演奏がほどんどです）。
● 鍵盤逆さ（黒鍵が手前に来るようにして演奏）。
● 両手クロス＆鍵盤逆さ（ベートーベンやショパンは、これが得意だったとおだてる）。

　紹介した以外にも、いろいろな場面で応用できそうですね。回転・アシンメトリーは、他教科でも応用がしやすいので、みなさんも創意工夫をして、おもしろいアイデアをたくさん生み出してみてください。

おわりに

　今回、私が最も苦労したのは、想像画の作品を集めることでした。

　学校現場を離れてから、もうすぐ8年になります。

　絵をかいた当時の教え子は、小学校をすでに卒業しています。「研修などで使用するために」と許可をもらい撮影した、全体写真や一部の作品資料が残るだけ。作品そのものは、もちろん手元にありません。肝心の絵や写真がなければ、図工の本は説得力に欠けたものになってしまいます。

「絵を集めてください」

「何とか掲載許可をもらってください」

　とは、本書の作成にご尽力くださった、株式会社カラビナの浅海さん。

　しかし、現在の私は、当時の学校とはかなり離れたところに勤務しています。教え子に会う機会も時間もほとんどありません。住所や連絡先は、学校を離れるときにすべて処分してしまったので、まったくわかりません。

「仕方がない。記憶を頼りに、休みの日にでも家庭訪問をしてみるか」

　ところが、7年の歳月は恐ろしいくらい、自分の記憶を奪っているようです。当時の学区をウロウロしてみるものの、方向音痴の私には、教え子たちの家がわからないのです。

「自分が学校現場にいれば、学区の明細地図を頼りに、少しは思い出せるのになあ……」

　そんな愚痴をこぼしていました。

　また、教え子の自宅がわかったとしても、いらっしゃるとは限りません。1日中まわって、家が1件もわからなかったこともありました。

　お留守のため、転居のため、私がご自宅の場所を覚えていなかったため、紹介できなかった作品が多々あります。紹介できなかった方、ご容赦ください。

　そんな中、数件ですが、教え子やその保護者にお会いし、許可をもらえたことは奇跡に近いことだと思います。快く掲載許可をくださった方、この場を借りてお礼申し上げます。どうもありがとうございました。

しかし、それでも本にするには作品の数が足りません。

息子2人にも数枚かかせましたが、それでもまだ足りません。

困ったあげく、浅海さんに相談しました。

「では、夏休みや休日を使って、近所の子どもたちや小さなお子さんのいらっしゃるお知り合いにかいてもらってはどうですか？」

そんな提案でした。

改めて、絵をかいてもらうということ。恥ずかしながら、そういうことはまったく想定していなかったので、正直かなり驚き、困惑したことをよく覚えています。

それから、わが家の小さな「絵画教室」が始まりました。

最初に集まったのは、近所の子どもたちです。

「ようこそ。今日はオジサンの家に来てくれて、どうもありがとう。じゃ、ここに座ってもらえますか？　お母さんから聞いていると思うけど、今日はオジサンの家で、絵をかくお勉強をします。どんな絵かというと、想像画といって……」

そこにはまだ、学級担任とクラスの子どものような信頼関係はありません。

お互いをよく知らない、近所のオジサンと子どもたち。「飛び込みクラスの授業」以上の独特の緊張感がそこにはありました。

しかし、メリットもあります。

少人数であること。そして、学校とは違って随時、お互い「糖分補給」ができること。

差し入れでいただいたお菓子を子どもたちと頬張りながら。

「ねえ、ここのところを、（モグモグ）もっと（ゴックン）こうするとさ、さらによくなるんじゃない？」

時にジュースを飲み、時にアメをなめながら。

「おお、（ゴクゴク）いいね、いいね。（フグフグ）うん、うまい！」

きめ細かに、的確なアドバイスをすることができました。

「絵画教室」を通して、私自身、子どもの絵の素晴らしさに改めて感動しました。現場を離れていたので、久しぶりに味わう感動でした。

　出来上がった想像画は、想像以上に好評だったようです。

「うちの子がこんな絵をかくなんて。信じられない」

「絵が苦手だと思っていたから」

「楽しかった」

　本人や保護者から、さまざまなコメントをもらいました。

　近所の子どもたち、知り合いの子どもたち。保護者のみなさま。

　たくさんの方にご協力をいただきました。

　この場を借りて、御礼申し上げます。

　最後になりましたが、執筆の許可および応援をしてくださった神奈川県教育委員会・県立総合教育センター所員のみなさま、ありがとうございました。

　創造性あふれる所員にかこまれた刺激的な職場で、今後も自分の強みを生かしていきたいです。

　ナツメ出版企画の原智宏さん。ボリューム満点のカラーページ執筆の機会を与えてくださり、どうもありがとうございました。

　本書の掲載作品を力強く褒めてくださった株式会社カラビナの和西社長。私は大変励みになりました。ありがとうございました。

　そして、担当の浅海さん。「想像画は意図して創ることができる」という私の思いに、大きな光を与えてくださいました。子どもたちの可能性を引き出すことができたという喜びでいっぱいです。ありがとうございました。

2018 年 12 月　鈴木 夏來

参考文献

引用

- 『広辞苑』第六版　岩波書店（2011）
- 『新漢語林』第二版　大修館書店（2011）
- 「小学校学習指導要領（平成29年告示）解説 図画工作編」文部科学省平成29年7月

参考

◉書籍
- 『字通』白川静　平凡社（1996）
- 『大漢和辞典』縮寫版 巻二　大修館書店（1966）
- 『新潮日本語漢字辞典』新潮社（2007）
- 『学研漢和大字典』机上版　学習研究社（1980）
- 『広漢和辞典』大修館書店（1981）
- 『英単語の語源図鑑』清水建二・すずき ひろし　かんき出版社（2018）
- 『ジーニアス英和辞典』第4版　大修館書店（2006）

◉ホームページ
- 漢字の音符　「井ケイ」と「形ケイ」「型ケイ」
- 常用漢字論　白川博士漢字学説の検証　「創」は槍による「きず」の意味か？
- 科学する邪馬台国　銅製品古代の製造技術

◉論文
- 「六書」について　早川 咲　漢検漢字文化研究奨励賞　佳作

◉資料
- 「評価規準の作成, 評価方法等の工夫改善のための参考資料」（小学校 図画工作）
  国立教育政策研究所 平成23年11月
- 「新しい学習指導要領の考え方」文部科学省 平成29年9月
- 「次期学習指導要領等に向けたこれまでの審議のまとめ」文部科学省 平成28年8月
- 「日本の子供たちの自己肯定感が低い現状について」（文部科学省提出資料）
  教育再生実行会議 平成28年10月
- 「自己肯定感を高め、自らの手で未来を切り拓く子供を育む教育の実現に向けた、学校、家庭、地域の教育力の向上」（第十次提言）教育再生実行会議　平成29年6月

SPECIAL THANKS

想像画づくりに協力いただいたみなさま

青木 浪斗	鈴木 祥二朗
青柳 里空	鈴木 專一朗
青柳 怜太朗	鈴木 統子
うたね	せいたろう
大野 陽向	相州 健児
オーパーマン	壮太郎くん
岡 弥生	たあくん
小倉 ゆうわ	戸室 なみえ
加藤 茂	ともくん
狩野 洋子	のりみつ
川﨑 陽	ハピコーク・ハピーン
川﨑 百夏	樋口 隆俊
木村 栞菜	樋口 結奏
木村 留華	ひろと
工藤 志笑	マーキーシー
けいと	八城 しおん
小牧 礼芽	よっちゃん
小牧 弘宗	ライスマウンテン
しょう坊	

（50 音順・敬称略）

※なお、1章で紹介した「失敗の絵」は、筆者がイメージするものを自らかいたり、家族にかいてもらったりしています。

ワークシートの使い方

① 「ワークシートの記入見本」と「ワークシート」をキリトリ線で切り離します。

② 拡大コピー（B4やA3など）します。

③ 本番の想像画をかく前に、基本アイデアを理解させるための練習として使用しましょう。ワークシートはクレヨンや色鉛筆などではなく、鉛筆で記入します。

「ワークシートの記入見本」の赤く色をつけている部分は、記入の見本です。あくまでも一例ですので、これが正解というわけではありません。指導の際の参考にしてください。

練習1～3について

●練習1
最もよく使うアイデア「トリミング」と「引き伸ばし」の練習です。（例）を参考に、「トリミング」と「引き伸ばし」を説明します。その後、ワークシートの実践に入りましょう。

●練習2
「回転」の練習です。先に「練習2の準備」を行います。その後、「回転」を説明し、ワークシートの実践に入りましょう。

●練習3
最後は「アシンメトリー」の練習です。（例）を参考に、「アシンメトリー」を説明します。その後、ワークシートの実践に入りましょう。

著者 **鈴木 夏來**（すずき・なつる）

1974年生まれ。神奈川県立総合教育センター指導主事。公立小学校教諭、三浦市教育委員会教育研究所指導主事、学校教育課主幹（指導主事）を経て、現職。モジュール学習やカード・カルタによる自主学習、ICT教育、ユニバーサルデザインなどを得意とする。趣味は、オリジナル教材の開発。著書に『安心と安全を創る 教室インフラ』（中村堂）がある。

構成・編集	浅海里奈（カラビナ）
デザイン	松岡慎吾
イラスト	イワイヨリヨシ
写真（作品）	中村 晃
編集協力	和西智哉（カラビナ）
編集担当	原 智宏（ナツメ出版企画）

子どもの表現力を引き出す
「想像画」指導のコツ

2019年3月1日　初版発行

著者	鈴木夏來　© Suzuki Natsuru, 2019
発行者	田村正隆
発行所	株式会社ナツメ社 東京都千代田区神田神保町1-52 ナツメ社ビル1F（〒101-0051） 電話 03-3291-1257（代表）　FAX 03-3291-5761　振替 00130-1-58661
制作	ナツメ出版企画株式会社 東京都千代田区神田神保町1-52 ナツメ社ビル3F（〒101-0051） 電話 03-3295-3921（代表）
印刷所	ラン印刷社

ナツメ社Webサイト
http://www.natsume.co.jp
書籍の最新情報（正誤情報を含む）は
ナツメ社Webサイトをご覧ください。

ISBN 978-4-8163-6597-3　Printed in Japan

本書に関するお問い合わせは、上記、ナツメ出版企画株式会社までお願いいたします。

図工「想像画」ワークシート　名前（　　　　　　　）

練習1　「　トリミング　」&「　引き伸ばし　」

①次の絵をかきましょう。
②①と同じ絵をかき、端が切れるように、長方形で囲みましょう。
③囲まれた部分を大きく引き伸ばしましょう。

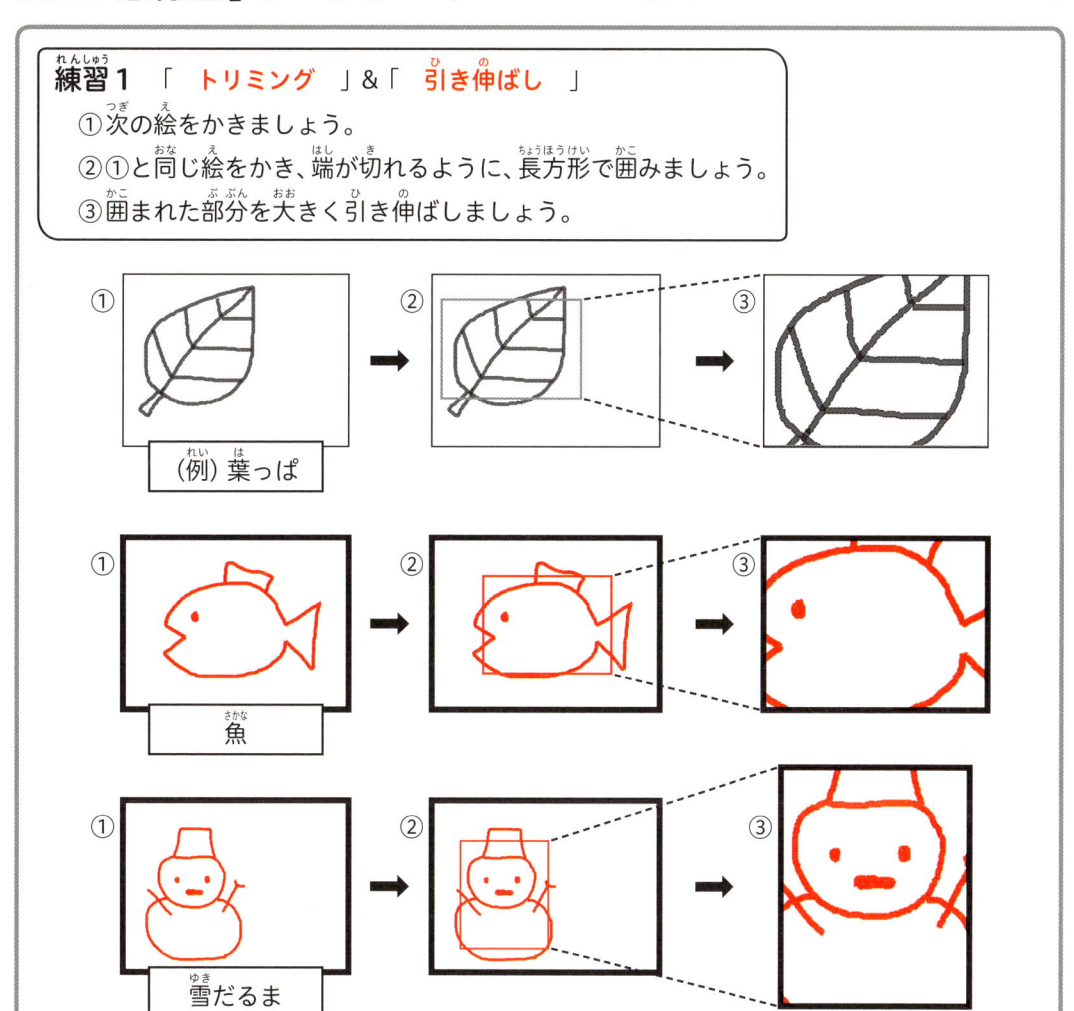

（例）葉っぱ

魚

雪だるま

（時間があったら……）
　　紙から＿＿はみ出し＿＿て、＿＿戻って＿＿くるようにかきましょう。（練習1の応用）

練習2の準備

それぞれ1つずつ、かいてみましょう。
（シンプルに、制限時間：1分）

地面・家・木・人

練習2 「　　回転　　」

「　　回転　　」を加えてかきましょう。

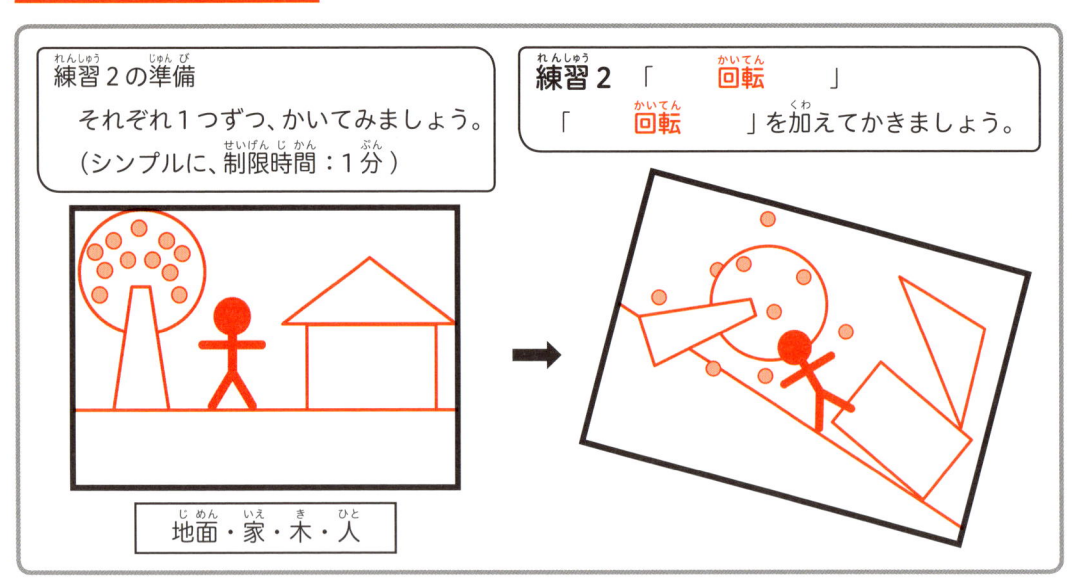

練習3　「 アシンメトリー 」（左右非対称）

次の絵を「 アシンメトリー 」でかきましょう。

（例）メガネ

チューリップ

地面・家・木・人

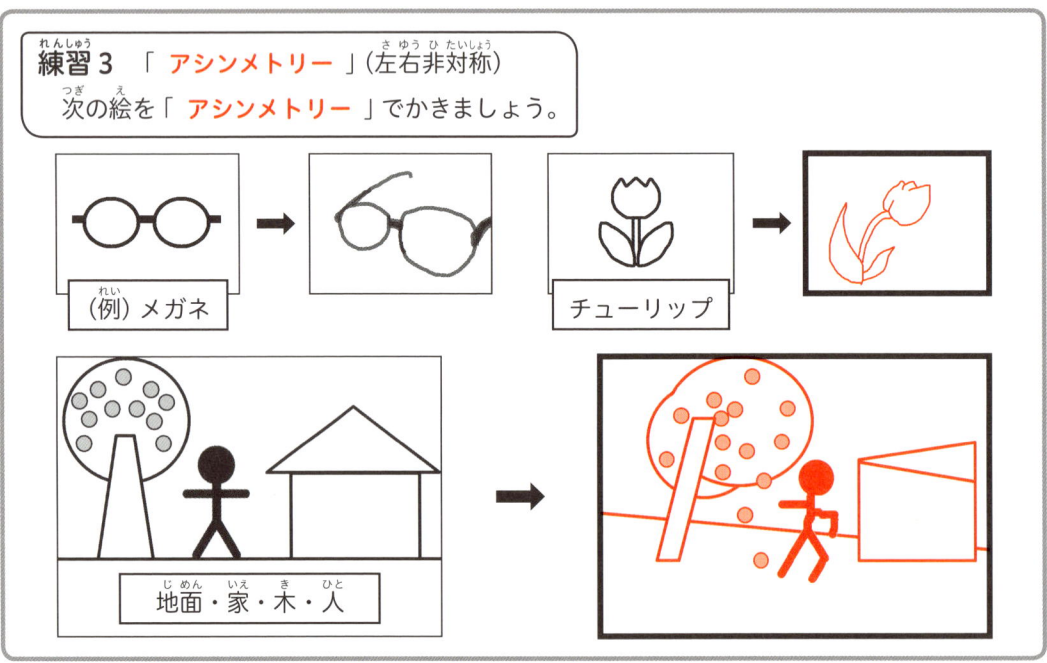

復習　（時間があったら……）

練習1〜3を全部使って、かきましょう。

地面・家・木・人

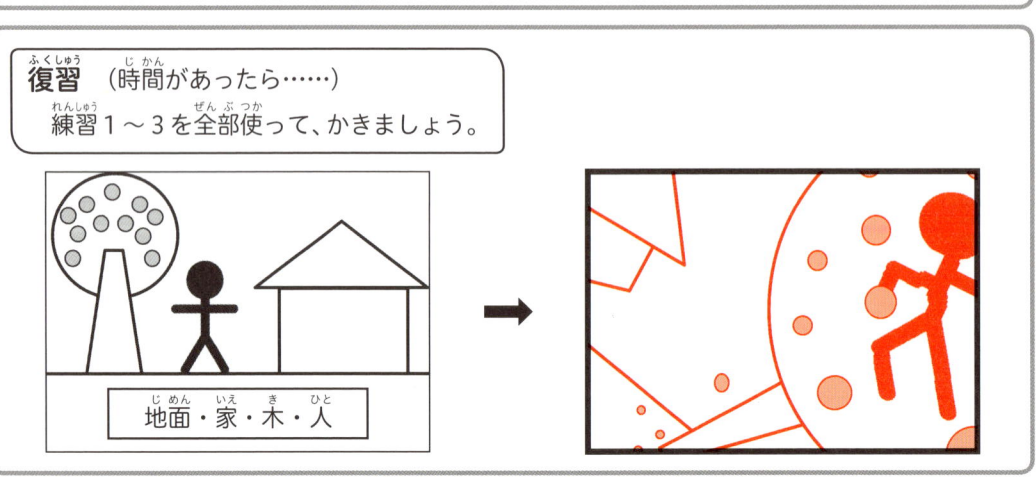

図工「想像画」ワークシート　　　名前（　　　　　　　　　）

練習1　「　　　　　　」&「　　　　　　」

①次の絵をかきましょう。

②①と同じ絵をかき、端が切れるように、長方形で囲みましょう。

③囲まれた部分を大きく引き伸ばしましょう。

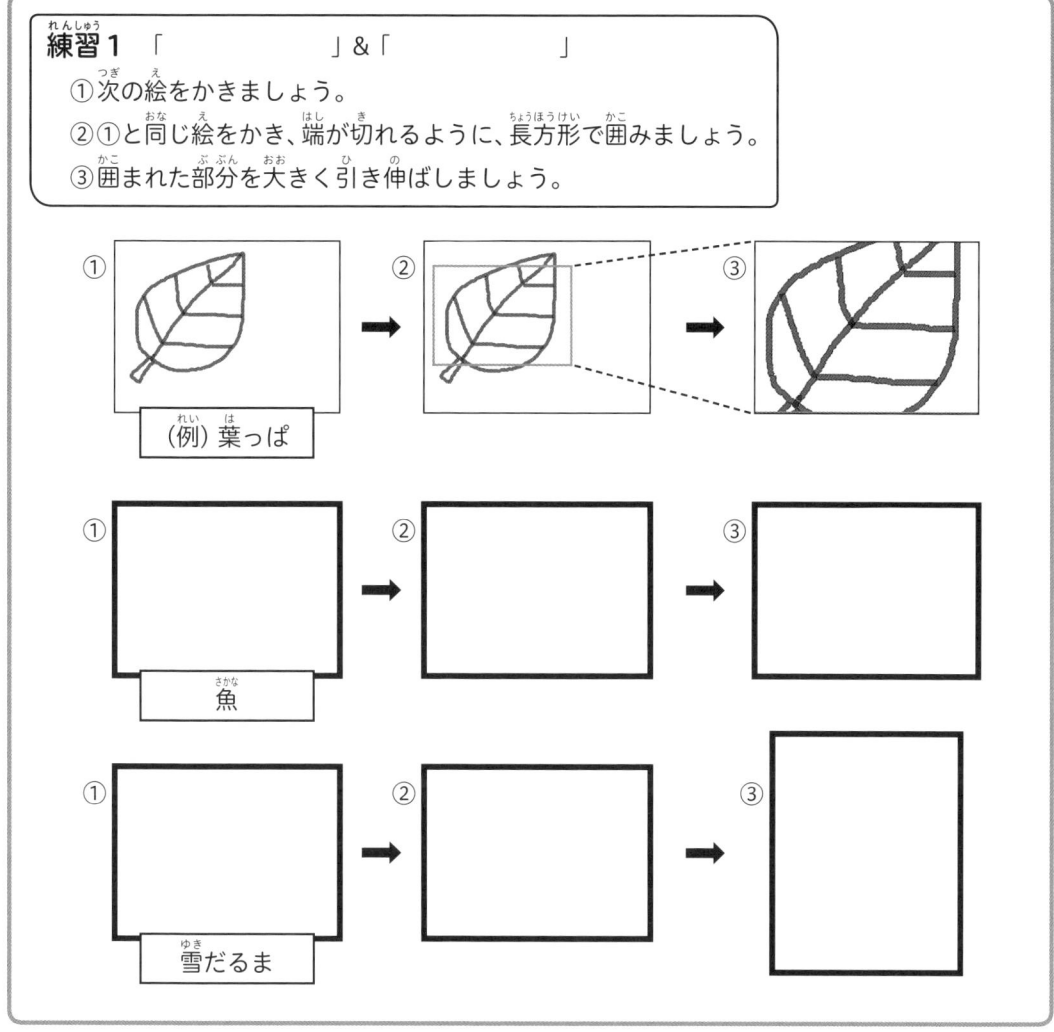

①　②　③　（例）葉っぱ

①　②　③　魚

①　②　③　雪だるま

（時間があったら……）

紙から＿＿＿＿＿て、＿＿＿＿＿くるようにかきましょう。（練習1の応用）

練習2の準備
それぞれ1つずつ、かいてみましょう。
（シンプルに、制限時間：1分）

練習2 「　　　　　　」
「　　　　　　　　　　」を加えてかきましょう。

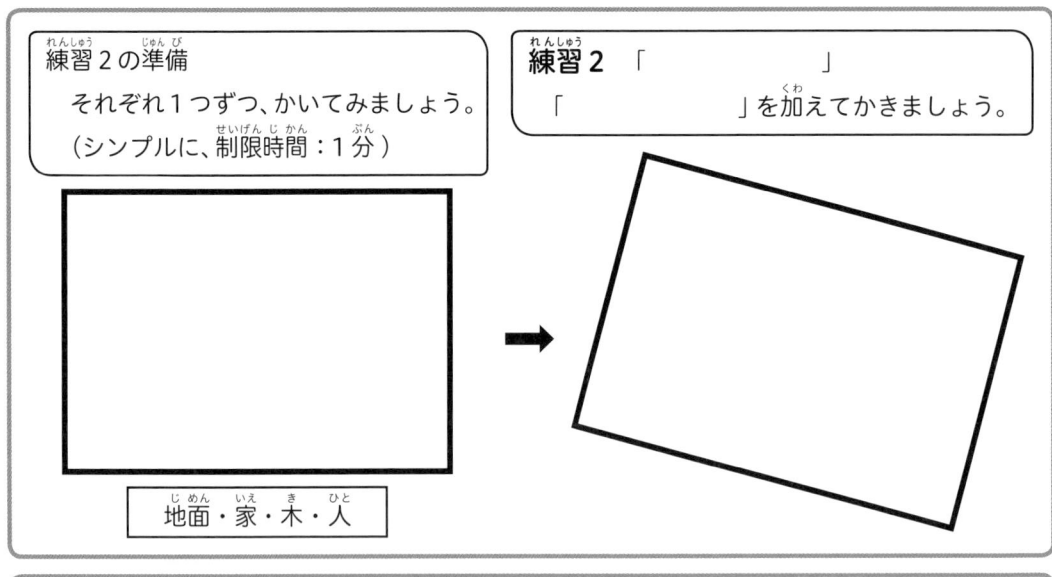

地面・家・木・人

練習3 「　　　　　　　　」（左右非対称）
次の絵を「　　　　　　　　」でかきましょう。

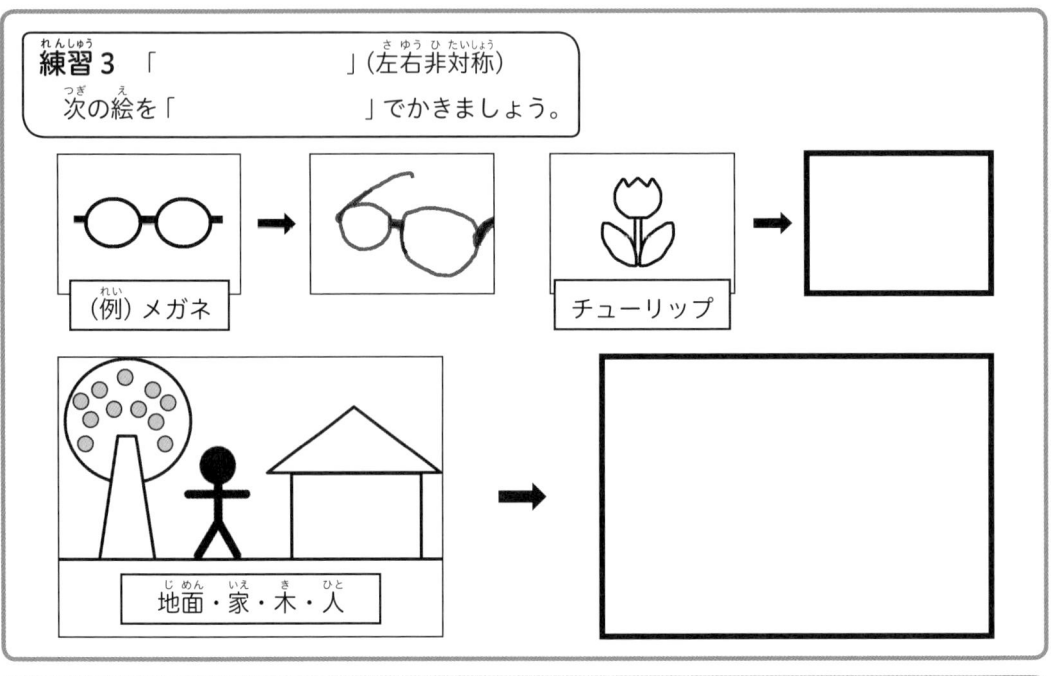

（例）メガネ

チューリップ

地面・家・木・人

復習 （時間があったら……）
練習1～3を全部使って、かきましょう。

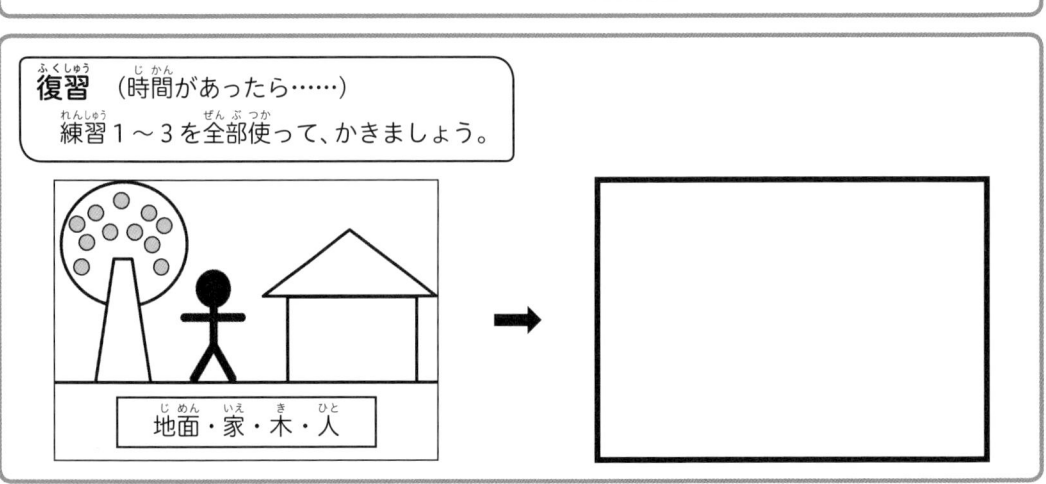

地面・家・木・人